SITUATED REVOLUTION OF
LIVE VIDEO MARKETING

直播营销
的场景革命

龚铂洋◎著

清华大学出版社
北京

图书在版编目（CIP）数据

直播营销的场景革命 / 龚铂洋著. —北京：清华大学出版社，2016

ISBN 978-7-302-45373-4

Ⅰ.①直… Ⅱ.①龚… Ⅲ.①网络营销—研究 Ⅳ.①F713.365.2

中国版本图书馆CIP数据核字（2016）第246059号

责任编辑：张　　敏　陈绿春
封面设计：李召霞
责任校对：胡伟民
责任印制：李红英

出版发行：清华大学出版社
　　　　　网　　　址：http://www.tup.com.cn，http://www.wqbook.com
　　　　　地　　　址：北京清华大学学研大厦A座　　　邮　　　编：100084
　　　　　社 总 机：010-62770175　　　　　　　邮　　　购：010-62786544
　　　　　投稿与读者服务：010-62776969，c-service@tup.tsinghua.edu.cn
　　　　　质量反馈：010-62772015，zhiliang@tup.tsinghua.edu.cn
印 装 者：三河市中晟雅豪印务有限公司
经　　销：全国新华书店
开　　本：148mm×210mm　　　印　　张：8.375　　　字　　数：275千字
版　　次：2016年11月第1版　　　印　　次：2016年11月第1次印刷
印　　数：1～4000
定　　价：49.80元

产品编号：072048-01

推荐语

人人都在玩直播，但并非人人都能玩转直播。《直播营销的场景革命》一书深入浅出地诠释一个观念：直播并不是爆发式的表达，而是一种颜值＋口才＋思想的复合信息传递。相信爱玩直播的你们读完这本书，能给直播营销领域带来更多的厚积薄发，而不只是绚烂的烟火。

——《世界经理人》编辑　叶飒

实战实效，新思新法，强推强赞。

——清华大学新闻与传播学院教授、博士生导师　沈阳

技术的升级已使直播无处不在，这必然会改变全社会的传播生态，本书站在风口第一时间以理论融合实战案例，对直播的营销应用场景作了全景式扫描，对于想通过直播提升品牌的营销人来说，具有指南意义。

——汤臣倍健品牌公关顾问　蓝莓会创始人　陈特军

直播作为一个全新的社交秀场，丰富的场景化和实时互动给用户带来了全新的感官升级，直播也顺应潮流掀起了新一轮的营销革

命。营销行业不缺少谈论趋势和方向的专家，缺少龚铂洋以及钛铂新媒体这样深耕方法论的"操盘手"。《直播营销的场景革命》，将带你开启场景营销新时代，颠覆你的营销想象。

——金鼠标数字营销大赛联合创办人／执行主席　方立军

从微博到微信，再到直播，龚铂洋一直是新媒体营销的先见者与先行者，知行合一，一身二任。这本新作，全面剖析直播营销的场景革命，开卷大益。

——中国广告第一股省广股份（002400）总裁　丁邦清

营销中的直播，直播中的营销，直播营销是互联网时代"直播十营销十场景"的一场革命，这场革命将会掀起社会化媒体营销的新浪潮。观察传播的新现象，洞察变化的消费者，觉察营销的未来趋势，从"左手微博，右手微信"，再到"左右开弓"的直播营销，铂洋一直奔跑在社会化媒体营销的前面，创新营销的方法与手段，引领我们跨入营销的又一个新时代。

——武汉大学新闻与传播学院副院长、教授、博士生导师　程明

在新旧电商转型的 2016 年，直播的商业价值巨大：直播营销以人为中心，是面对面的即时互动化销售，是对旧式电商的颠覆，同时也催生了营销界的场景革命，有着其他销售无可比拟的优势。

——知名网络大V，微博电商专家　龚文祥

序

    2016 年是直播元年，也是移动直播起飞的一年，可以说社交平台完成了从文字→图片→语音→视频→视频直播的进化，为受众带来了感官升级。直播带来的感官升级让我们更真实地感受产品、更立体地感受品牌、更直接地与用户互动，产生全新的营销场景，全新场景引发了各行各业营销的新玩法，带来了营销革命。

    微博带来了扩散的革命，微信带来了交流的革命，那么直播带来了感官体验的革命。甚至没有什么营销问题是一场直播不能解决的，如果有，那就来两场直播！

    直播是一种手段，新媒体营销的手段，各行各业都可以根据自身的特质来加以运用，以下是我们总结的各行业直播场景的密码。

行业类型	直播场景		
旅游	风景	人-知识分享|线路攻略	土特产
餐饮	安全	品质（食材）	美味（色香味）
食品	安全	品质（食材）	美味（口感）
手机/3C	品质	功能	
汽车	试架体验		
零售（卖场）	促销活动	逛卖场	
美妆	化妆展示	安全	定状服务-走秀|婚嫁|商务妆

续表

行业类型	直播场景		
金融	信任背书	卖点传播	
服装	搭配展示	材质原料	设计师
医美	美容过程展示		
房地产	看房	装修	盖房子
教育培训	授课		
家居家具	搭配展示	材质原料	设计师
电视节目	网红助播 （星厨驾到）	探班记录 （盖世英雄）	夏日甜心
广告公司	创意输出（会议）		
艺术品	制作过程（匠心）		
住宿	环境展示	试睡体验	
娱乐	KTV	电子游戏厅	

我们总结出如下直播内容的共性：颜值＋品质＋信任，即称之为"直播三角"。

这里我们再补充一个案例，华为 P9 手机与 XY 男士电商平台合作户外极限挑战直播，从直播脚本内容到执行，以及多平台方位的管控，我们进行了全方位的策划执行。

从 2016 年 7 月 7 日至 2016 年 7 月 13 日，华为消费者业务联合 XY 男士电商进行#怎么玩都型#主题的 P9 直播。

华为 P9 XY 极限运动，6 天 6 场任务直播，用 P9 怎么玩都型！

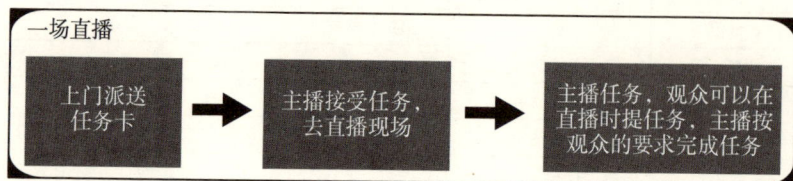

直播期间，超过 18 万（182397 位）观众观看了直播，累积获得点赞 140661（花椒），获得映票 11132 张，在花椒平台获得 4 次热门推荐位，最高排位热 6；在斗鱼平台获得 2 次热门推荐位，最高排位热 6；在映客平台获得 2 次热门推荐位，最高排位热 15。

场次	第一场：室内滑雪	第二场：冲浪	第三场：花式自行车
突出卖点	P9手机外观 华为语音问答 徕卡拍摄模式	P9手机外观 对焦快速 徕卡拍摄模式	黑白大片拍照模式 快速对焦 手机定时拍照
场次	第四场：点唱会	第五场：墙绘	第六场：攀岩
突出卖点	触屏灵敏	P9分辨率高 手机外观	P9分辨率高 手机外观 华为运动APP 徕卡拍照效果

最后，我们又把跟拍的高品质视频在社交媒体上做了二次传播，进一步放大了传播效果。

新媒体时代，技术最容易引发传播的革命，直播就是这样一场全新的革命，它带来营销的全新玩法。2016～2017 年，无直播，不营销。

前言

移动时代直播的商业价值与商业模式

直播已经存在很多年，但2016年尤为火爆，新媒体领域掀起一轮移动视频直播浪潮，移动直播逐渐走进大众的视野。

1. 移动直播火爆的5大原因

1）直播本来就存在广泛的群众基础

2015年中国在线直播平台数量接近200家，其中秀场直播市场规模达到75亿，移动直播平台的用户数量已达两亿，大型直播平台媒体在高峰时段同时在线人数接近400万，新生代网民个性彰显，乐意展现自我，预测今年市场将会达到102.4亿元。2018年中国秀场直播市场将会突破150亿。

2）智能手机的普及使直播从计算机端向移动端转化

原先的在线直播需要一台计算机和一个账号，而智能手机的普及摆脱了直播硬件的桎梏，成本也更低，人人都能参与，且携带更便捷，用户随时随地掏出手机就能开播。

3）4G 网的出现让直播随时随地就能玩

截至 2015 年 12 月底，全国 4G 用户总数达 3.86225 亿户，4G 用户在移动电话用户中的渗透率为 29.6%。4G 网络通信速度快、智能性能高且资费便宜，为用户随时随地玩直播提供了条件。

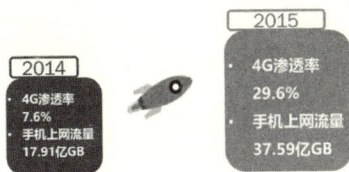

2014
4G渗透率
7.6%
手机上网流量
17.91亿GB

2015
4G渗透率
29.6%
手机上网流量
37.59亿GB

来源：工信部，36氪研究院

4）直播用户大多是在互联网中成长起来的 85 后年轻用户

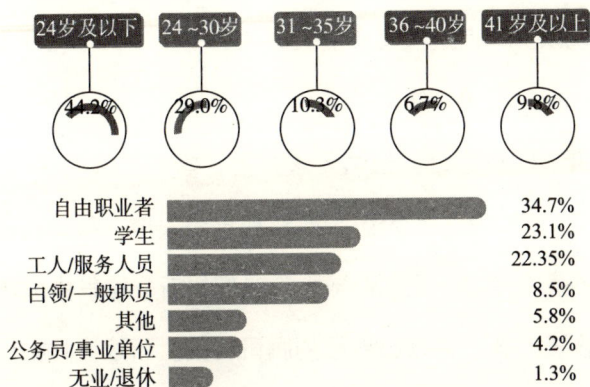

24岁及以下	24~30岁	31~35岁	36~40岁	41岁及以上
44.2%	29.0%	10.2%	6.7%	9.8%

自由职业者　34.7%
学生　23.1%
工人/服务人员　22.35%
白领/一般职员　8.5%
其他　5.8%
公务员/事业单位　4.2%
无业/退休　1.3%

根据易观千帆对娱乐直播用户的监测数据显示：24 岁及以下和 25~30 岁的用户占比高达 73.1%，就用户年龄分布来看，娱乐直播用户大多是在互联网中成长起来的 85 后年轻用户，这部分人群性格乖张、想法极多，可带来多元化的直播内容。

5）媒体从文字到图片到视频到直播呈现富媒体化

互联网时代信息化传播工具历经了从文字到图片到语音再到视频的进化，视频直播成为人们分享交流的新方式。社交平台完成了

"文字→图片→语音→视频→视频直播"的进化。

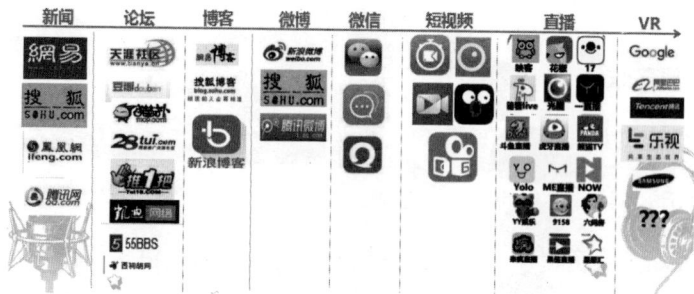

2. 资本抢滩移动直播

如果说以上几点是移动直播火爆的必要土壤，那么资本的抢滩就是点燃这把火的重要催化剂。

移动直播的燎原之势已然无法阻挡，国内几大巨头（如腾讯、阿里、新浪、360 等）也纷纷步入移动直播领域，移动直播作为互联网元素的集大成者，正逐渐成为大佬们的新一轮争抢阵地。

腾讯投资斗鱼，并推出自己的腾讯直播。新浪继秒拍后一如既往地跟一直播深度合作，阿里将优酷和微博变成自家的营销平台，360 也参与投资花椒，足见商界大佬们对移动直播领域的看好。

3. 全民直播时代到来，"直播+"异军突起

移动直播平台对于网红主播和平台建设的资金投入、推广等的资源投入较大，比较适合大公司加入竞争，但这并不意味着其他行业和平台与直播无缘，互联网直播领域产生了一种全新的"直播＋"模式，在原有平台 / 领域加入直播元素，不必非得搭建直播平台，

所有行业 / 领域都能用好"直播"。

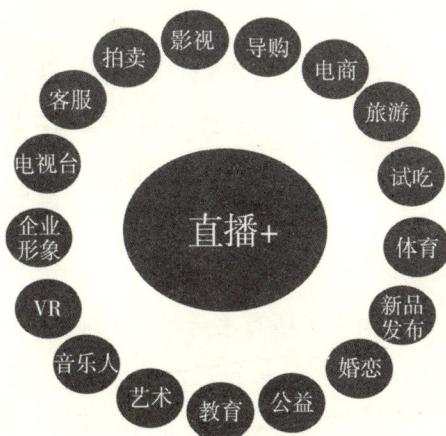

移动直播行业异军突起，全面爆发各行各业加入直播元素，形成新生态强社交。

全民直播	
垂直场景直播	
教育教学培训类	课程、培训、讲座、教学直播等
LIVE类	体育赛事、演唱会、演出、会议等
美食类	烹饪、烘焙、热门美食实地直播
个人品牌类	个人特色视频直播，类似于脱口秀
突发事件类	新闻记者，直击群众
旅行风景类	适合旅行体验师、酒店体验师等追求体验的人士使用
宠物趣事类	猫奴狗奴们
明星娱乐类	明星、娱记、狗仔队、海选
征婚求婚类	求婚创意、活动分享
产品展示代购电商类	展示产品最真实的一面，增加卖家可信度
在线服务类	客服答疑，用于给用户解答信息
公益类	机构举办的公益活动、会议
企业类	企业新品发布、企业形象搭建等

（资料改编自网络，敬请原作者联系笔者）

这种新生态强社交目前呈现出两种发展趋势，一种是全民直播，另一种是垂直场景直播。全民直播平台不限直播类型，目前已呈现出数量激增、平台饱和且乱象频出的现象；垂直领域的直播平台分类比较细致，大概分为教育教学培训类、LIVE 类等 13 个类别。垂直领域的直播平台专业化要求较高，且尚未形成规模。

4. 明星、大佬齐上阵，助推直播成热词

直播，或许将成为未来所有平台甚至行业不可或缺的一部分。随着社会大众对直播认知度的提高，用户层迅速扩张，越来越多的明星、网红加入到直播，明星的助阵可迅速提升直播平台的人气，对于产品转化抢占市场，这无疑成为新的巨大的机会。

从一线热门明星到名不见经传的艺人纷纷加入直播阵营试水，比如范冰冰在美拍直播巴黎时装周；宋仲基、贾乃亮、刘烨、李冰冰等助阵一直播；王宝强、汪峰、邓紫棋等加入斗鱼等等。

明星玩直播，在带来商业价值的同时也通过这样一个真实的场景给明星和粉丝提供了实时近距离互动的平台，成为明星维护形象，提高知名度和人气值的有效途径。

在各路娱乐圈明星纷纷登录直播平台试水主播后，这股潮流正蔓延至商界，平日里正襟危坐、万贯身家的大佬们已经学会在直播间卖萌耍宝，向粉丝索要礼物。

大佬献直播处女秀，360 公司董事长周鸿祎无疑是花椒直播的首席宣传官。2015 年 8 月 25 日晚上，周鸿祎的宝马车突然自燃，他不是在第一时间拨打 119 或者救火，而是举起手机直播。目前周

鸿祎的个人花椒直播账号中有 200 多条生活碎片、测试视频，其中也不乏发布会信息，每条都有 4500 条到 10 万条的观看数据。

2016 年 6 月 6 日晚，丰厚资本创始合伙人杨守彬先生做客"大佬微直播"的花椒直播，分享主题——如何让你更红更值钱！在线观看人数突破 520 万，场面火爆，创投界第一网红诞生！并创下多项直播记录，例如第一个为观众准备 1000 万投资款的直播、第一个赠送礼品价值超过 200 万的直播、第一个送网友上太空的直播……

互联网加快了信息传播的步伐，也加快了品牌营销的节奏，网络流行趋势不断更迭，目前最火的就是移动直播。直播对于品牌而言具有多重价值，例如获取海量关注度；传递品牌形象；直接形成购买，目前淘宝直播、聚美直播等平台已支持边看边买，且转化率非常高；聚集潜在用户等。品牌营销不想掉队也得搭上移动直播的快车才行。罗振宇也大胆试水直播，以罗辑思维的名字正式入驻小米、斗鱼、映客、淘宝和优酷五大视频平台开始直播买书，一本普普通通几十块就能买到的书，硬生生被罗振宇拍出了三四千元的高价，最高达 3 万元，溢价超万倍。

微播易徐扬曾说"移动互联网时代 3 个月就是 3 年，一定要抓住时代的趋势。"当明星、商界大佬纷纷玩起直播，各大品牌都在直播平台"试错"的时候，企业再不行动就失去了抢占第一波高峰的机会。

关于本书的图片使用说明

本书基于学术研究的目的和宗旨，对移动直播领域的 100 个经典案例进行了整理和剖析，大部分图片来源于网络及直播视频截图，由于涉及行业、领域甚广，无法于短时间内与每一张图片的原创者和权益所有者一一取得联系，对有关权益人无意冒犯，敬请谅解，如果权益人认为我们侵犯了您的合法权益，请与我们联系，我们将给予相应稿酬。

最后，感谢各位对新媒体营销行业作出的贡献，因有各位在本书中的风采展现，行业精粹得以完美诠释，向各位致敬！

目 录

第3章 直播营销：善于营销才能玩赚直播

第4章 直播战法篇：掌握战法才能独步天下

第1章

直播平台：了解平台才能选好阵地

1.1　直播平台的分类与演进

从 2015 年至今，直播的热潮一直处于沸腾状态，随着直播软件的多样化和直播内容的多元化，人们逐渐跟上这股热潮，完成了从观众到主播的转变。

最早期的直播平台对主播的要求相对较高，需提交申请表，顺利通过审核并签约的可进行直播。发展至今，直播逐渐演变为全民直播，只要用户想播，掏出手机或者打开计算机，往镜头前一坐，任何事情都可以进行直播，那些对直播内容感兴趣的用户会主动关注该账号，满足了大多数人当主播的愿望。

随着科技不断进步，高端的视频技术在不断问世，VR（虚拟现实）、AR（增强现实）技术也在迅速迭代。这种技术并没有得到广泛的应用，但 VR、AR 技术正逐渐渗透进群众的日常生活中，在未来 VR、AR 将被大范围运用到移动直播领域。那么目前的直播平台情况如何？下面进行介绍。

1.1.1　直播平台的格局：三足鼎立

总体来说，目前的移动直播可归为三大类。

1. 秀场直播

秀场直播以 YY 语音、9158、六间房为代表。

秀场直播有 3 个突出特点，即行业格局稳定、铁打的秀场和流水的主播。

比如 YY 语音自 2008 年问世以来，以其强大、稳定的语音功能和人性化的设计一直备受玩家的青睐。它的秀场直播一直存在，只是表演的方式和内容稍有改变，主播换了一批又一批。

秀场娱乐用户年龄分布图　　秀场娱乐用户工资情况分布图　　秀场娱乐用户性别分布图

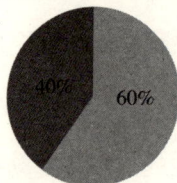

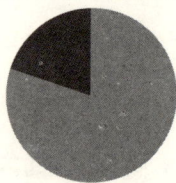

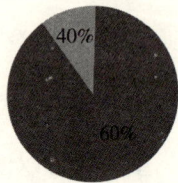

■90后　■其他　　　　　■4000元以下　■其他　　　　　■男性　■女性

（数据来源：中国投资资讯网，2014年）

秀场直播的用户群体主要是偏向年轻群体，90 后占秀场娱乐用户总人数的 60%。在秀场直播用户中，中低收入人群所占的比重较高，收入一般在 4000 元以下。男性是秀场直播的消费主力，主要依赖秀场"软色直播"[①] 的核心资源。

秀场类直播的主要收入来源于会员费、虚拟物品、网络广告、线下周边，秀场主播的固定收入来自平台的签约费与工资，依靠高互动的粉丝经济、赠送虚拟物品等。

2. 游戏直播

游戏直播是一种竞技类型的活动，涉及的范围广，比如英雄联盟，据统计，每 60 个人中就有 1 个人玩英雄联盟。目前全球设立了英雄联盟职业联赛，并设有专项奖金和荣誉，几乎每个国家都会组织专业化的队伍进行训练、参赛，每一场赛事都会在线直播。

游戏主播主要来源于职业选手、民间大神、职业主播、草根主播四大类型，在游戏直播行业主播之间的竞争非常激烈。由于游戏直播的垂直性和专业性，市场被大平台瓜分，各大平台通过引进优质主播增加市场占有率，导致主播之间的竞争异常激烈，从主播的角度来讲，自身综合实力的强弱是决定市场占有率的关键。

移动端游戏直播用户性别分布

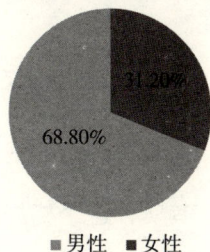

31.20%
68.80%

■男性 ■女性

游戏直播的主要收入来源于广告收入、游戏联运、会员订阅、电子商务和赛事竞猜，主播收入来自于直播平台以及粉丝的捧场。

---

① "软色直播"指非显性色情直播。

3. 泛娱乐直播

目前泛娱乐直播的代表平台有花椒、映客、一直播等，这些平台社交属性强，发展前景广阔。

与秀场直播和游戏直播相比，泛娱乐直播的内容更加广泛，涉及五花八门的生活场景。从另一个方面来说，内容的多元化，人对内容的把控缺失，很可能让观众产生厌倦感与不适感。内容筛查高昂的运营成本和筛查的滞后性将平台置于高风险境地，甚至可能招致灭顶之灾，这也是泛娱乐直播平台必须重视的问题。

根据中国投资咨询网调查显示，泛娱乐直播的用户群也没有明显的分布，观众黏性较差。

1.1.2 直播平台的演进：从秀场到游戏再到泛娱乐

秀场直播、游戏直播和泛娱乐直播三分天下的态势是怎样形成的？其实，这个格局经历了一个更新迭代的过程，这个过程反映了国内经济的发展，也折射了互联网消费人群的变迁。

1. 2005～2013年：秀场直播的黄金期

2005 年，国内互联网行业快速发展，各种社交产品纷纷问世，视频网站也风生水起。

　　最早的秀场直播是以"软色"擦边起家，经过一段时期的发展，触碰红线，后来开始朝着泛娱乐方向转型发展，综艺节目，娱乐性的主播以及小品相声类的表演成为秀场直播的新的内容类型，秀场直播的主流平台有 YY 语音、9158、六间房等。

　　2008 年问世的秀场直播龙头——YY 语音，最早用于魔兽玩家的团队进行语音指挥通话，后来吸引了部分传奇私服用户，最后发展为穿越火线游戏用户必备的团队语音工具。2016 年 6 月，YY 直播举行了品牌发布会，宣布以全新品牌 YY LIVE 登场，YY 逐渐从 YY 语音发展到秀场巨头，秀场直播逐渐成为 YY 的主要业务。

　　作为秀场直播三大巨头之一的 9158 成立于 2005 年，创始人在考察了国内外的多种产品模式之后决定借鉴韩国的"十间房"视频聊天模式。9158 从成立之初的定位是以视频秀场为主的娱乐社区，是一个视频交友互动平台。

　　另一个秀场巨头六间房成立于 2006 年 3 月，它是最先拿到投资专攻网络视频领域的公司之一，2006 年凭借《一个馒头引发的血案》一度成为第一视频门户，2008 年金融危机时第一次受到重创。六间房最先开始尝试转型，2009 年成功推出转型产品"六间房秀场"，主打社交视频和在线演艺的新市场，逐渐发展成为在线视频直播的三大巨头之一。

这三家公司称得上是秀场直播界的鼻祖。早期的直播界为秀场直播所掌控，8 年黄金时期成就了许多草根人物。例如 YY 男主播"毕加索"，从一个小说的配音员到年收入千万，"毕加索"在成为主播之前做过服务员、游戏代练、网络配音员等，直到 2012 年因个人节目《振臂高呼》一炮走红。

黄金时期的秀场主播涌现出多个成功案例，激发了众多民众对直播的向往，每个人都希望借助这些平台成为下一个"毕加索"。大量主播的出现并未带来多元化的内容，反而出现了严重的内容同质化现象，人们对秀场直播的热情和好奇减弱，秀场直播不得不开始大范围的转型发展。

为留住并吸引更多的观众，YY 在 2014 年将游戏直播直接剥离出来成立了独立的品牌——虎牙直播，这是秀场直播逐渐开始转型的起点，直播的主流平台开始由秀场直播向游戏直播迈进。

2. 2013~2015年：游戏直播风生水起

当时业界认为，秀场直播市场已饱和多年，商业模式亟待更新，加之政策的约束，整体在走下坡路，而电竞市场的满血复活对游戏直播起到了极大的促进作用。

2014 年，除了虎牙直播从 YY 剥离出来以外，斗鱼 TV 也从 A 站独立出来，与虎牙并称游戏直播初期的"双雄"。同年，战旗 TV，也加入了电竞游戏直播的战队。这些直播平台崛起的原因得益于国内游戏市场的快速发展与扩张，游戏用户迅速增加。

游戏直播是游戏的垂直领域，以电竞比赛为主，电竞直播可以分为三大类，即赛事直播 PGC、个人直播 UCG 和游戏节目。直播平台主要集中斗鱼、熊猫、虎牙、战旗、龙珠和火猫六大平台。

2013 ~ 2014 年是游戏直播的初始创立时期，这个时期的核心用户是计算机端的电竞游戏爱好者。2014 ~ 2015 年是游戏直播风生水起的两年，研究报告显示，游戏直播市场规模从 2014 年的 2.7 亿元增加到 2015 年的 11.7 亿元，同比增速高达 333%。

2015 年龙珠 TV 成立，同年，"国民老公"王思聪发起创立熊猫 TV，通过抢占赛事资源、重金挖掘人气高的主播、邀请大牌明星助阵等方式快速在游戏直播市场树立地位。电竞人气主播的签约年费几乎都在千万元以上，但很多游戏直播平台还是愿意斥巨资挖掘优质主播来帮平台吸引新用户。2016 年年初，以电竞直播为主的虎牙平台以将近 1 亿元人民币的价格与"第一电竞女主播"Miss 签约，这个消息引发广泛关注，连央视都采访了 Miss。

　　然而，高质量的宽带需求与优质的主播人数较少、高昂的运营成本再加上比较低的盈利能力，这些都无可避免地制约了游戏直播继续发展。泛娱乐直播悄然兴起，并以非常快的速度在互联网用户之间传播，直播的主场渐渐由游戏直播转向泛娱乐直播。

3. 2015年至今：全民直播方兴未艾

　　随着智能手机的普及，直播的内容也从美女秀场和游戏拓展到生活的方方面面，比如购物、旅游、美食等，映客、花椒、一直播等平台快速发展成为高人气的阵地。老牌的秀场视频直播龙头老大——YY也表现出希望加入这一行业的强烈意愿，2016年初，YY以10亿元预算启动了移动端的直播——ME直播的市场计划。

　　根据CNNIC数据显示，截至2015年底国内手机网民规模达6.2亿，以移动互联网为基础的娱乐方式塑造了人们全新的消费观念。网络环境的不断优化和生活方式的转变推动了移动直播进入爆炸式的快速增长阶段。

直播平台分布图

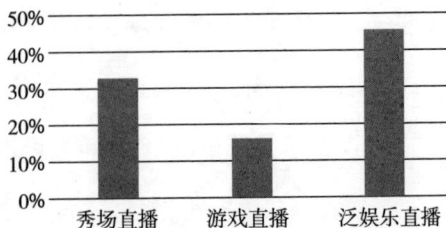

（数据来源：36氪研究院）

泛娱乐直播自 2015 年至今一直保持着迅猛的发展势头，满足了大众对直播的多样化需求，也满足了大众自己当主播的愿望，泛娱乐直播发展至今，因其门槛低，全民都能参与其中，而被称为全民直播。

在泛娱乐直播盛行的同时，一大批网络红人应运而生，从而催生了网红经济这种全新的产业，"网红节"这一名词也出现在大众视野当中，网红的热度可见一斑，据《2016 中国电商红人大数据报告》估计，今年的红人产业产值接近 580 亿元，远超去年的全国电影总票房。

1.2　直播中的主播：直播平台差异化竞争的关键

由于直播平台管理上的宽松以及零门槛的注册要求，越来越多的人加入了直播大军，直播观众也大大增多，单一的直播内容已经难以满足所有人的需求，直播内容是否差异化已经成为一个主播能否脱颖而出的关键要素。

随着直播这把火越烧越旺，直播平台的主播类型也呈现出多样化趋势，按照直播类型可以分为秀场类主播、游戏类主播和泛娱乐类主播三大类型。

主播类型的多样化促成了不同类型网红的诞生，同时，越来越多网红的出现也可能催生出更多类型的主播，吸引着不同需求的用户，草根的搞笑派风格吸引年轻人，颜值、娱乐风格吸引宅男、宅女。

1.2.1　按身份特征分

1. 明星

随着直播平台的发展壮大，越来越多的明星意识到直播的价值，纷纷试水直播，对平台而言，明星的加入可以为平台带来大量的粉丝用户，对明星而言，直播也是拉近粉丝距离和进行工作宣传的一种绝佳方式。

案例 1：Angelababy

2015 年 1 月，Angelababy 与电竞退役职业选手若风、微笑等人在斗鱼直播间，直播英雄联盟五人游戏局，引来 240 万观众在线直播观战，场面十分壮观。不少人在微博上晒出 Angelababy 在游戏平台上的截图，并 @Angelababy，大呼女神带我一起"开撸"。

2015 年 9 月，"国民老公"王思聪聘请 Angelababy 做熊猫 TV 的主播，这一举动号称将 Angelababy 的身价瞬间增长了 1000 万。2016 年 1 月 27 日 Angelababy 开始了首播，她通过手机全程直播了在中国香港参加抱财神活动的过程，由于期间观看的网友数量过多，导致直播一直出现卡顿问题。

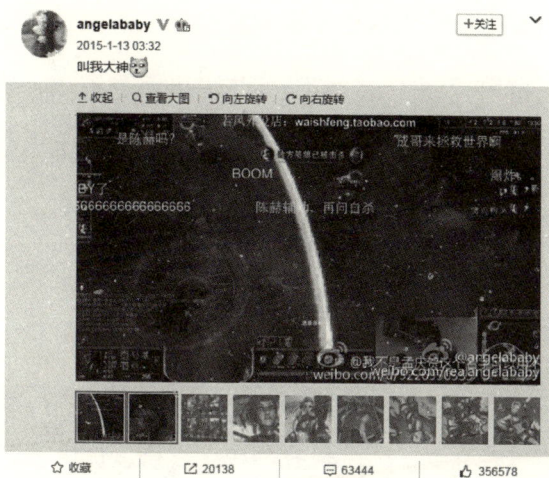

案例2：周杰伦

2015年9月4日，英雄联盟四周年狂欢在深圳湾体育中心拉开序幕。周杰伦出席本次表演赛，与刘畊宏组队，对战王思聪和林更新，并赢得比赛。

本次比赛中，周天王战队除了华语乐坛流行男歌手刘畊宏以外，还有国内英雄联盟人气解说、前皇族战队主力队员White以及同样身为知名英雄联盟解说的小苍和现役LGD主力中单GODV，阵容非常强大；但是"国民老公"王思聪与林更新的阵容也不容小觑，包括狂欢庆典主持人朱桢、前WE王者中单若风、现役LGD选手Pyl。

两支队伍的人员分配实力相当，但周杰伦略胜一筹，他在比赛中一直佩戴口罩，称"让对方害怕"。

周杰伦的对战视频甚至被央视选中作为游戏行业观察的典型案例。网友纷纷调侃："周杰伦，一枚靠打游戏上央视新闻的奇男子"。

2. 网红

网络社交的日益发达造就了一批又一批网络红人，他们是扎根在微博、美拍、秒拍等平台的超级巨星，拥有自己的大量粉丝，在直播的浪潮之下，越来越多的网红投入了主播的行列。

作为"中国网红第一人"，papi酱凭借张扬的个性、毒舌吐槽时弊调侃，短视频迅速引爆网络，并于2016年4月获得了第一笔1200万融资，此后更是以2200万天价卖出其第一支广告。

7月11日晚9点，papi酱在斗鱼、百度、优酷等八大平台同时首次直播，吸引超过2000万人围观。

在直播期间，papi酱从容地回答来自网友的各种奇葩提问，其机智、风趣的回答让直播气氛高潮迭起。据统计，papi酱在这场直播中至少收到价值90万人民币的打赏礼物，点赞数量高达1.13亿次。

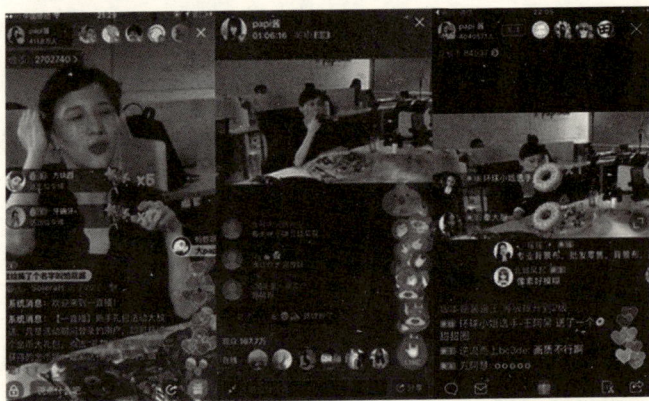

案例 3：Mc 天佑

天佑出生于 1991 年，后来凭借自身的努力跻身 YY 界，获得过两届 YY 年度盛典最佳男 Mc。

2016 年 7 月，天佑现身深圳，与某品牌以高达 2500 万的代言费签约，一举超过了之前 papi 酱的 2200 万视频贴片广告费，成为当前网红界广告收入第一人。

2016 年 7 月 24 日，天佑没有任何预兆的在快手进行直播，地点选在长春天佑工作室附近，在开播短短 20 分钟之内天佑还没有露脸的情况下便吸引了超过 10 万的观众。

案例 4：穆雅斓直播送 bigbang 门票

2015 年 6 月 28 日晚，邓超在微博上发出一条微博，微博中链接了一个视频，是位年轻女子自拍的搞怪内容。"各位大神，谁能帮我找到这位疯一样的女子，《恶棍天使》可以有她！"这条微博一经发出，立刻引来几万网友转发，网名为"穆雅斓"的女孩迅速走红网络。

2016 年 3 月 20 日、21 日，美妆达人穆雅斓连续两天在秒拍直播，直播时长将近 3 个小时。直播中的穆雅斓依旧是大家熟悉的韩范打扮，泡面头加上红唇，无怪乎大家称她为"四川金法雅"，这次直播共有 24.7 万人观看。

3. 名人、企业家

如果说游戏直播、泛娱乐直播只是小打小闹，那么当各界大佬也加入直播行列的时候说明直播的时代真正到来了。直播把"神坛"之上的大佬们拉到所有人面前，粉丝们可以在直播中与企业家互动，甚至可以调侃企业家。

对于企业家来说，直播是树立个人形象、企业形象的绝佳机会，也可以通过与粉丝的互动交流了解普通民众对于企业、产品的疑问和看法。当然，直播也是绝佳的营销时间，可以对企业新品进行推广。

1）王健林直播"亚洲首富的一天"

2016 年 5 月 22 号，熊猫 TV 合作《鲁豫有约》，通过直播的方式展现王健林一天的生活。直播从王健林早上坐私人飞机到南昌开始，直播了他在飞机上斗地主和去酒店视察等，重点直播了王健林参观万达旅游城，最高峰时期同时观看人数超过 30 万。

2）雷军直播推销小米无人机

2016 年 5 月 20 日，小米 CEO 雷军把小米无人机的发布会搬到了包括小米直播在内的 27 个平台上。

雷军一边介绍小米无人机的性能，一边向用户索要鲜花、跑车和游艇，雷军甚至号召小米高管给他的直播刷车队。据统计仅小米直播上就有超过 50 万的观众围观，一直播上参与的网友超过百万。

案例5：大佬微直播

2016年5月21日，"大佬微直播"转战花椒直播，邀请了酒仙网郝鸿峰作为直播嘉宾，在直播过程中郝鸿峰直言"花椒直播是一种全新的分享、交流、推广方式，比微信分享更方便"，随之又为观众普及了电商圈的相关知识，分享了许多干货。

之后有观众起哄，说郝总要不要喝杯酒，郝鸿峰马上答应，并一时兴起说观看人数每增加一万就喝一杯酒，此举刺激观看人数呈裂变式增长，轻松突破50万！直播结束后郝鸿峰开玩笑说如果播到晚上12点观看人数有可能达到100万，并感慨人生没有玩过这么好玩的东西。

直播当晚酒仙网品牌露出近两个小时，送出了350瓶共价值十几万的酒，创造了直播领域逆向打赏的先例。

4. 草根爱好者

直播大军中不乏网红、明星、企业家，但真正组成庞大直播大军的还是普通的草根主播，草根主播是最早接触直播的人群，在直播发展日益走向规范化的今天，每天都有人加入主播的行列。

　　草根主播都是生活中的普通人，没有知名度，没有粉丝，他们更多地只是以娱乐的心态玩直播，但也正因为如此，他们能想出更多普通人喜欢的直播方式，不断地创新，并生产出五花八门的直播内容。

案例 6：乡乡九野外求生直播

　　在贝爷《荒野求生》的带动下，越来越多的人对野外求生产生了兴趣，草根乡乡九的野外生存直播在开播之初就引起了大量的关注，之后一鼓作气连播五季。

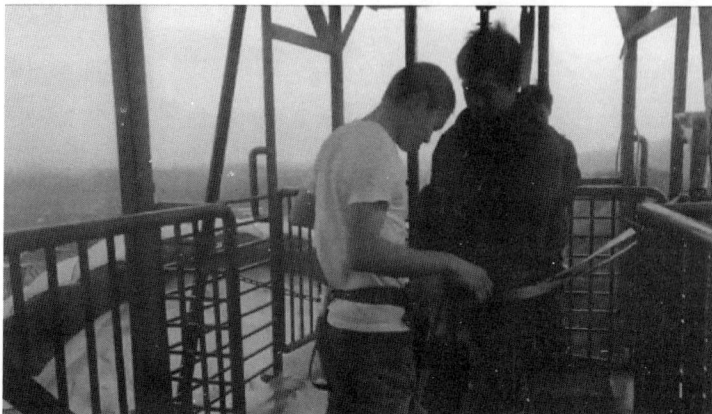

　　乡乡九户外是由重庆小伙"萝卜"和"慌张"组成的进行实时网络直播野外生存的节目。野外生存探险必须拥有强健的体魄，能经受风吹日晒雨淋，能经受饥饿与孤寂的考验，而"萝卜"和"慌张"是退伍军人，与野外生存的需求相符合。

　　主播朴实而接地气的风格让观众更加相信直播的真实性，颇具亲和力的谈吐也让观众倍感亲切。

案例 7：游戏主播董小飒

董小飒大学期间开始在 YY 上直播 LOL，幽默、诙谐的风格吸引了大量观众，直播订阅量轻松过百万。现在董小飒转战虎牙直播，直播订阅量早已突破 250 万！随后董小飒开始播出单机游戏或者在每周的固定时间约人上线打 LOL 战队赛。随着电竞行业的越发火爆，董小飒的人气也越发高涨，甚至依靠游戏解说带来的粉丝圈使董小飒开设的淘宝店每个月的收入可以达到七位数，年收入达到 1500 万元以上。

董小飒获得两届 YSL 英雄联盟比赛冠军，冠军的头衔为董小飒的直播间带来了不少粉丝，今年元宵节期间，董小飒带领队友一起直播吃饭，30 分钟引 50 万人围观，可见其受欢迎程度之高。

1.2.2　按个人风格分

一场直播或是一个主播能否取得成功，相较于主播的身份定位，主播的风格更加重要。

风格是观众选择主播的一大标准，明确的直播风格定位有利于吸引粉丝，也有利于提升粉丝黏性。独特的风格能给新观众留下深刻的印象，也能在成千上万的主播中脱颖而出。当风格相近时，就是真正考验主播功力的时候了。

1. 逗趣派

主播与观众的互动是直播的关键，一个幽默、搞笑的主播，其逗趣风格能为个人魅力增分不少，也为和粉丝保持亲切的交流提供了保障。

案例 8：游戏主播"德云色"

前英雄联盟职业选手笑笑、西卡是英雄联盟玩家所熟悉的主播，两人时常一起直播，互相调侃，还戏称两人组合在一起是电竞"德云色"，他们幽默、逗逼的风格吸引了大量粉丝。

英雄联盟作为一款火爆的网络游戏吸引了不少玩家，而"德云色"主播作为前英雄联盟职业选手自然会吸引许多游戏的忠实玩家收看其直播。"德云色"双主播模式也为其增加了不少粉丝，相较于单个游戏主播，双主播可以在游戏中给出不同的建议，主播之间进行互动，避免了游戏进行时直播间的冷场。"德云色"直播风格也为直播带来了趣味性，吸引用户长时间留在直播间收看直播。

案例 9：吴宗宪直播首秀

2016 年 5 月 9 日，中国台湾综艺一哥吴宗宪现身直播平台，在现场吴宗宪不断与粉丝们互动。吴宗宪本身自带强大的 IP，加之还请来了许多圈内好友，强大的明星阵容对于粉丝的吸引力不容小觑。

吴宗宪在直播现场做出了一系列的搞笑动作，让观众仿佛置身于他的综艺节目之中，观众的反应非常热烈。在传统的电视节目中用户无法实现这一互动体验，这样的直播为粉丝带来极大的趣味性。

吴宗宪的这次直播首秀收视率达到了百万，吴宗宪本人也觉得直播非常好玩，值得尝试。

2. 卖萌派

现在直播界的主播数量惊人，各大主播使出浑身解数力求脱颖而出。其中，主打卖萌风格的主播深得观众喜爱，他们看上去无公害且惹人怜，能拉近自己与观众的距离。

案例 10：YY 金牌艺人文儿

文儿自 2013 年开始在 YY 直播，她以可爱俏皮的外形和多才多艺的形象迅速走红。2013 年她成为最佳女歌手，目前是 YY 娱乐旗下的金牌艺人。文儿外表看起来娇小、可爱，但爆发力不容小觑。文儿每场直播的现场气氛几乎都很火爆。

文儿的成功除了得益于她可爱的外形和扎实的音乐功底以外，直播平台也是一个不可或缺的媒介。在传统电视节目的选秀中，选手往往要历经重重选拔，人力、物力的成本都非常大。移动直播平台的出现减少了选手的成本投入，且当下的直播相对比较多元化，任何一种风格都能找到自己的受众群体。

3. 学术派

除了网红，相当一批有名望的学术界人士也选择上直播传道授业解惑，这无疑是直播界的清流之一。2016 年 5 月 16 日，罗振宇以"罗辑思维"的名字正式入驻映客，老罗和他的助手们分别选择在映客、优酷、小米、斗鱼、淘宝五家不同领域的直播平台露脸，直播内容不再是传统的讲故事卖书而是变成了"拍卖老罗珍藏书籍"，深谙粉丝心理的老罗在整个直播过程中用喊麦的形式统计各平台流量数据，引得粉丝纷纷送上礼物打赏。仅映客平台，一个多小时就吸引了 26 万人围观，获得映票 40 多万。

4. 技能派

"身无长物去哪都不吃香，而有一技之长的人不论去哪都不会饿肚子"，这句话同样适用于直播界。这类主播的粉丝黏性相对来说比较大，他们有固定的粉丝与直播内容。

案例 11：王金金

早期的王金金是个酒吧歌手，后来活跃于快手和映客，以张扬的个性和扎实的唱功为人所知。2016 年王金金被粉丝劝说参加"超级女生"，赢得荣耀 8 商演和变身"honor girl"拍摄时尚大片的机会，登上纽约时代广场和东京涩谷。

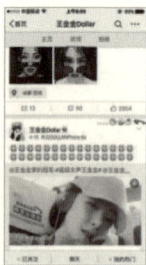

王金金因受到麦当娜和李玟的影响走上音乐之路，她在参加"超级女声"前没有接受过专业的音乐训练，对于歌曲的演绎全凭感觉。目前，王金金顺利晋级全国 20 强，并为时间杂志《瑞丽》拍摄封面照，6 月 13 日推出个人单曲。网友通过直播发现了王金金，王金金才真正意义上走上了音乐的道路，可见直播的影响力不仅仅在于线上的影响力，它也为个人生活创造了多种可能性。

案例 12：机械 BOSS

机械 BOSS 是一个由三位年轻人组成的主播团体，其中年龄最小的"小汤"刚满 19 岁，年龄最大的"阿龙"也不过 23 岁。他们的直播间拥有超过 80 万的粉丝，直播内容以机械舞为主。分工明确、合理是他们吸引粉丝的一个重要原因，"阿龙"负责与粉丝之间的互动，"阿超"为团队的颜值担当，吸引女粉丝，"小汤"则为舞蹈担当。

相较于其他主播，机械 BOSS 的直播场景相对生活化，他们在步步高天桥、窑埠古镇以及柳江大桥的桥头和桥底进行主播，拉近与粉丝之间的距离。在舞蹈的编排上他们加入了自己的设计，为机械舞加入趣味，避免用户长时间收看觉得乏味，幽默的语言也为他们吸引了不少粉丝。

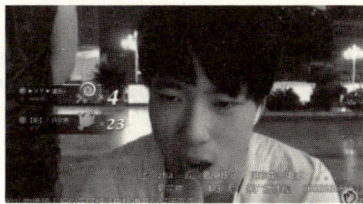

5. 消遣派

消遣派主播与其他主播最大的区别就是任性，想直播什么就直播什么。这类直播最吸引人的一点在于直播内容奇特。

观众被从众心理和好奇心理双重牵引，成就了这类直播的风生水起。

案例 13：90 后美女谭洁成网红女主播，直播吃饭、逛街月入两万

谭洁是在北京演艺事业受阻的情况下经朋友介绍接触主播这个行业，早期的直播并不是一帆风顺的，谭洁的"处女秀"直播，在精心打扮并做才艺展示的情况下也只有 30 人在线观看。几经波折，谭洁终于看出了门道，移动直播根本不需要表演，只需要将自己最真实的生活状态呈现在镜头前就足够了，开始转而直播自己的生活状态，与粉丝坦诚相待。如果说秀场直播要靠"秀"，那么谭洁的直播则胜在一个"真"字上。平均每天都有 3 万多人在看她的直播，如今的谭洁月入已经快过两万。

案例 14：李干在斗鱼直播睡觉

虽然不知道直播睡觉的看点在哪里，但还是成功地吸引了将近 5 万人在线观看一个胖子睡觉，当然也可能是为了看弹幕。

李干是斗鱼最早的一批主播，因直播语言风趣、造型搞笑成为斗鱼上网友互动弹幕数量最多的主播。除了直播睡觉之外，李干还爱直播点评英雄联盟职业比赛和选手。李干曾经是一名保安，后因直播风格独特被发掘为斗鱼平台的签约主播，目前成立了自己的工作室——LOL 斗鱼抽象工作室，专心做直播。李干这种消遣性质的直播开创了直播的多样性，使直播打破了娱乐直播内容形式的限制，直播的内容形式不再受到传统内容的约束，为直播在各个领域之间应用奠定了基础，为后来的"直播 +"提供了借鉴意义。

当然，直播还有很多派系，例如性感派、文艺派等，在这里就不展开细说了，随着直播的进一步发展，一定还会涌现出越来越个性化的主播风格。

第2章
直播网红：了解网红才能脱颖而出

在蒸蒸日上的行业大环境下，越来越多的人加入到了主播的行业，个人如何通过直播变现、创业是网红成功的关键。通过分析整个网红产业链，深入挖掘他们成功的共性核心因素，无外乎是内容、深度互动、特质差异化、商业化运作。

2.1　草根网红的成长之路

微博时代，实现了人人都是记者；微信时代，实现了人人都是摄影师；直播时代，则可实现人人都是主播。从这个角度来说，新媒体开创了一个真正的公民时代，让每个普通人都获得了同等的机会去实现自己卑微的梦想。

那么在直播时代，实现人人成为主播的梦想该从何处下手？我们先来看一看数量庞大的网红们都是怎样成长起来的，从他们的成名过程中获得一些启发。

2.1.1　艺术才华成名型网红：papi酱如何在半年内成长为3亿网红

艺术才华成名型网红主要依靠自己的艺术才华受到网友的追捧，他们依托自身的天赋和兴趣爱好，在某个艺术领域形成自己的独特风格，一旦被网友发现便可迅速走红，例如 papi 酱。

案例 15："2016 年第一网红"Papi 酱

"2016 年第一网红"papi 酱在不到半年的时间内创作了 40 几条原创视频，微博吸粉 500 万，微信每篇阅读量几十万。腾讯、优酷、微博、微信各个平台累计播放量过亿。

papi 酱是一个在北京漂着的上海姑娘。初、高中时期的 papi 酱学习成绩优秀，高考时考入中央戏剧学院导演系本科，依托中戏的强劲动力，papi 酱终于驶上了艺术的大道。

2006 年，她担任某娱乐网站网络主持人。同年，她成为北京电影学院导演系毕业作业胶片短片的副导演和女主角。

2007 年，她负责上海电视台体育频道《健康时尚》栏目的前期编导及配音。

2009 年，她是上海话剧艺术中心话剧《马路天使》的导演助理。

与此同时，papi 酱为了锻炼演技还参演了不少话剧，比如在《现代城》里，papi 酱出演"找找"……

演员、主持、编导、配音、导演助理、副导演、导演……这些经历为她制作短视频并成长为网红起到了潜移默化的促进作用。

在尝试了那么多角色之后，papi 酱开始在网上上传一些自制的小视频，她的视频内容主要可以分为三个阶段。

第一阶段，2015 年 8 月到 9 月，内容主要以小咖秀类的模仿为主；

第二阶段，2015 年 10 月到 11 月，内容主要以娱乐搞笑类为主；

第三阶段，2015 年 11 月到至今，内容主要以情感类、女性类、吐槽类为主。

papi 酱的视频在前两个阶段并没有取得很大的成功，但是第三个阶段的短视频内容支持个体独立、支持女性平权、支持朋友坦诚相待的价值取向正好符合了网友的胃口，引发了围观群众的共鸣。

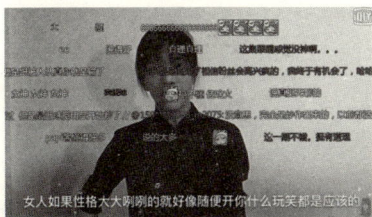

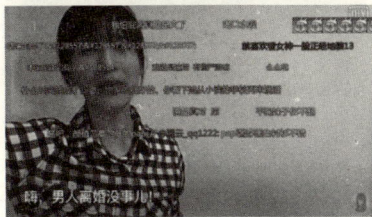

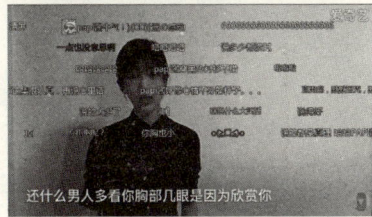

反观 papi 酱的成长经历，她热爱生活、努力生活，甚至不愿意别人说她是"网红"，她是名副其实的集美貌与才华于一身的女子。

2.1.2　意外成名型网红："张局座"张召忠/"宋小基"空少明鹏

有一种类型的网红，他们未曾想过做网红，也并未刻意制作自己的视频内容，而是被脑洞大开的网友抛到网上为众人所知，这类人的身份特征往往与其给社会留下的印象具有强大的反差。例如"张局座"张召忠和"宋小基"空少明鹏。

案例 16："张局座"张召忠怎样意外走红

张召忠很早就开始从事电视节目的录制，1992 年担任《军事天地》的主持人，1999 年因发布《戳穿误炸谎言》的文章一夜成名被媒体称为"中国首席军事评论员"。

2003 年伊拉克战争爆发，他在节目中大胆预言美国会遭到萨达姆政权的顽强抵抗，结果萨达姆政权在几天之内就四散溃退，而他也遭到网友的吐槽，后因他发表"雾霾可以防御激光武器""黄海海带绳会阻止美国核潜艇"等观点被军迷网友尊称为"战略忽悠局局座"，简称张局座。

　　面对网友的吐槽，张召忠没有反击，反而在节目中表示年轻人应该有自己的世界观，应该理解他们。张召忠还熟知"中二""老司机"等网友用语，让年轻的网友觉得"张局座"十分接地气。

　　7 月 13 日张召忠开始了自己的 B 站视频直播，直播现场网友提问美国南海的核心利益在哪里？局座引经据典，全面分析了美国的南海政策和战略计划以及中国应该扮演的角色，其中不乏精彩语言。据统计，当晚 8 点钟最高在线观看人数达到 75 万人。

　　通过热点事件的问答形式激发用户的 UGC 创作，契合张局座的风格和知识分享型直播栏目的属性。

　　张局座虽说是意外走红，但作为公众人物的身份让他有了走红的"先天优势"和"群众基础"。但还有一类网红，他们并非公众人物，没有粉丝与观众，甚至什么都不需要做，他们的走红全在于他们备受瞩目的"颜"。

案例 17：长得像宋仲基的空少明鹏成名后辞职做专职网红

　　明鹏是南航的一名空少，网友将偷拍乘坐其执勤的航班时的照片发布到微博上，因其与宋仲基有 90% 的相似度迅速走红网络。不少媒体也注意到这位酷似宋仲基的空少，纷纷对他进行报道，增加其曝光度。

明鹏在网络爆红后不少网友"人肉"其资料，这位长相酷似宋仲基的明鹏是 1994 年出生的，于 2015 年 9 月份加入南航。6 月 2 日，明鹏开通微博，截止到 6 月 7 日微博粉丝数超过 4 千。此外，明鹏还在花椒开直播，直播首秀获得 10+ 的赞，观看人数达到 16 万以上。

明鹏多次在花椒玩直播，目前他的花椒个人直播粉丝数超过 17 万。在 6 月 25 日的直播中，明鹏应粉丝的要求穿宋仲基同款迷彩服为粉丝演唱《太阳的后裔》主题曲《Always》，引发宋仲基粉丝疯狂互动。

2.1.3　搞怪作秀成名型：搬砖小伟

相比 papi 酱因为热爱艺术、热爱表演而走上"网红"这条路，还有很多草根网红是为了摆脱底层生活的现实困境走上了"网红"这条路。

搬砖小伟、吃货蝙蝠侠等成名于当下最火热的快手、秒拍等短视频社区，他们来自社会底层，视频内容危险系数较高，这些重口味内容契合一部分用户的好奇心。

案例 18：搬砖小伟

在网络上，小伟是拥有数百万粉丝的"搬砖小伟"，在现实生活中，他是初中毕业就在工地上游荡的 90 后农民工石神伟。小伟是搬砖工，每天起早贪黑，要搬 3000 ~ 5000 块砖，迄今为止经他的手搬运的砖头已经超过五十万块，这也是"搬砖小伟"这个 ID 的由来。

16 岁的小伟身上背负着"网瘾少年""留守儿童""辍学者"等标签步入社会靠体力赚钱。当年的小伟身材瘦小，干活没有力气，做了一个半月才拿到人生中的第一笔薪水——2000 元，因为没钱，谈了两年的女朋友也分手了。

小伟开始重新思考人生，直到有一天，他看到一个国外的街头健身视频，被那种积极向上的状态所感动。他开始加入健身群，在"快手"里与网友交流健身经验，决定不再平庸地活着。

工作变成了他锻炼的方式，一次搬动上百斤重的斗拱。工地就是小伟的健身天堂，宿舍门框可以练引体向上，脚手架就是现成的单双杠，扛木头、搬砖头可以锻炼肌肉，随便哪处空地都可以练倒立俯卧撑等动作。

去年 3 月，小伟在工地做倒立俯卧撑的视频被推荐到热门位置，此后开始涨粉，几个月后就涨到了七八十万。

他把街头健身彻底融入工地生活，利用搬砖头、拖钢管、扛木头等一切机会潇洒自如地展示着令人眼花缭乱的健身动作，在脚手架上腾飞旋转犹如空中飞人。小伟拥有雕塑般的八块腹肌，与工地这个极端简陋的背景形成了极大的反差，引发网友关注。

现在小伟拍的视频经常被顶上热门，每月的广告收入有两万多元，再加上工地上的工资六七千元，他的月收入能达到三万以上。小伟至今仍是农民工，但拥有了积极生活的态度，也有了高收入，有余力去做自己喜欢的事情，他尝试开了一家卖健身器材的淘宝店。

随着移动直播平台的发展，以后还会产生很多和小伟一样来自社会底层的"网络红人"，在这个平台不需要背景，不需要太多物质，只要努力，只要想红，一切都有可能。

2.1.4　精心包装成名型：淘宝店主刘畅

还有一类网红，他们的背后有一个团队，通过精心的策划来包装网红。他们一般选择在关注度高的场合展示自己，意图给大众留下较深的印象，并组织大量的人力、物力进行宣传推广，制造备受网友追捧的假象。这类网红因事先有精心策划，时机把握恰当，且有大量的炒作，成名的几率非常大，比如刘畅。

案例 19：刘畅

刘畅是土生土长的北京人，也是传说中的"网红"，如今在她的微博上已经有将近 10 万的粉丝。在刘畅的定义里，"网红"这个行业里包含了各行各业，无论是像她这样的淘宝店主，或是直播平台上的主播，抑或是活跃在各大线下的各类达人，在她看来，只要是在网上拥有大批粉丝的都是"网红"。

刘畅最开始接触微博是在 2011 年，早期只是在网上分享一些护肤心得和自己的生活，积累了一部分粉丝。后来跟同学合伙做代购，但是生意非常冷清，刘畅又继续在网上做珠宝，虽然粉丝涨了，但生意依旧冷清。最后在旁人的启发下，刘畅开始进入服装买卖行业。

由于早期积累了一定的粉丝，刘畅本人又会打扮，背后有专门拍照的团队，加上巧妙利用微博等平台宣传自己，很快便吸引了更多粉丝，刘畅也开始逐渐跟工厂合作。

刘畅透露，现在她每个月的流水有 50 万元左右，除去生产、运输和微博账号运营的成本以外，每月的收入基本稳定在 10 万元左右。

2.1.5　签约网络红人：网红孵化器出来的代表人物

越来越多的"网红"走进大众的生活圈当中，似乎吸引粉丝也成了一件很容易的事，难道所有的"网红"都是自带流量？不，并不是，网红背后有一套成熟的生产体系——网红孵化器。

网红孵化器是电商领域的商业新模式，网红在前端利用自身人气来维持和粉丝的高频率互动，以感知她们的消费需求；而孵化器公司则在后端迅速反应，为网红提供生产、销售、客服等一条龙服务。一个网红的标配团队至少需要 10 个人，包括一名服装主管、三位设计师、两名助理、一位化妆师、两个摄像、一名新媒体运营，一年下来至少需要投入 100 万元的成本。

目前，淘宝平台上已经有超过 1000 家网红店铺。其中红人店铺中的女性用户占 71%，历年"双 11"活动时部分红人店铺上新时成交额可破千万元，表现丝毫不亚于一些知名服饰品牌。而数以亿计的销售额背后是社交媒体上百万量级的粉丝。在"网红经济"渐渐兴起的时候，网红孵化器公司应运而生，这些孵化器公司一般都有自己的一套供应链体系。

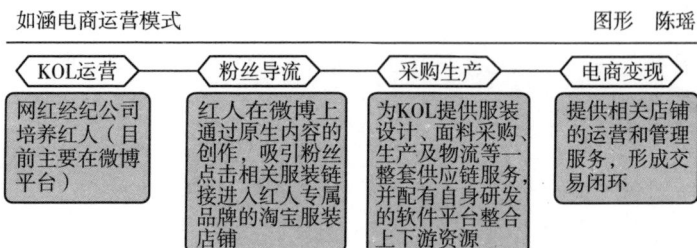

如涵电商运营模式   图形 陈瑶

KOL运营	粉丝导流	采购生产	电商变现
网红经纪公司培养红人（目前主要在微博平台）	红人在微博上通过原生内容的创作，吸引粉丝点击相关服装链接进入红人专属品牌的淘宝服装店铺	为KOL提供服装设计、面料采购、生产及物流等一整套供应链服务，并配有自身研发的软件平台整合上下游资源	提供相关店铺的运营和管理服务，形成交易闭环

不同类型的孵化器对网红的门槛要求不一样，高水平的孵化器对网红的门槛要求一般由几十万粉丝起步。网红孵化器公司选择粉丝量大、活跃度高、影响力广的网红进行培养、包装、运营、策划来提升和改造其变现能力，对变现能力较差的网红进行逐级筛选淘汰，以最大程度地实现自身和网红的变现价值。

出资方	执行方	利益分成
孵化器	网红	网红获得 10% ~ 20% 销售提成
网红	孵化器（提供产业链和店铺运营服务）	网红获得 70% ~ 90% 销售提成
网红、孵化器共同出资，共同建设产业链		网红按底薪＋利润分成

（网红与孵化器公司合作的3种模式）

案例 20：张大奕

高中时期的张大奕拥有一段疯狂的追星经历，出生于工薪家庭的她，为了圆追星梦经常做兼职，所得收入让她如愿以偿见到了自己当时的偶像"东方神起"。

为了能亲自到现场看偶像的演唱会，张大奕开始接触模特行业。2009 年张大奕以模特的身份出现在公众的视野中，为百事可乐、美宝莲等知名品牌拍摄视频广告，还多次出现在《昕薇》《瑞丽》等杂志上。模特的身份为张大奕积累了一定的粉丝，加之接触的品牌越来越多，她的审美越来越好，正好有粉丝询问衣服的购买途径，张大奕便萌发了分享服装的念头。

2013 年，张大奕打算做自己的品牌，但由于缺乏供应链的支持等原因无法实现自主品牌的生产。这时如涵旗下的莉贝琳品牌找到张大奕合作，为张大奕提供供应链支持等服务。2014 年莉贝琳正式与张大奕合作。2014 年 7 月，张大奕的淘宝店正式开业，张大奕的淘宝店采用粉丝需求推动供应的方式进行经营，这让她的淘宝店区别于其他淘宝店。张大奕的淘宝店主要是以买手制的方式演变为后来的自建工厂打版生产的方式。对于后期的自建工厂打版生产，张大奕亲自进行挑款，在挑款后交给如涵进行专业化生产。除了衣服的质量，张大奕还必须解决如何利用内容留住粉丝的问题，但张大奕并不用担心，网红孵化器"如涵电商"为张大奕量身制定了一套圈粉体系。

在网红经济发展迅猛的时代，张大奕通过与如涵电商的合作微博粉丝数由 25 万迅速增长到 400 多万。她所经营的淘宝店更是在 2015 年"双 11"中成为网红店唯一一个挤入女装排名的店铺，2015 年她的淘宝店更是创下了上亿元的销售额。

相较于张大奕淘宝店的大红大紫，同样作为电商平台孵化的网红姚蜜蜜与缇苏电商之间的合作却刚初见成效。

案例 21：姚蜜蜜

姚蜜蜜学过四年服装设计并且把服装行业看作自己的兴趣所在，毕业后北漂进过房地产公司，自己也开过美容院，最终找到了"网红"服装的生意，并与缇苏电商形成了合作关系。

姚蜜蜜与缇苏签约只有小半年的时间，见效并不明显，但有了缇苏在背后提供服装、设计师、运营人员等，要比之前一个人运行收到的效益高很多。缇苏在网红孵化器公司中排名靠前，2014 年缇苏电商从传统服装供应链公司转型，成功摸索出红人孵化模式；2015 年建成自己的供应链，公司发展到 500 多人，旗下签约网红数超过 30 人，金冠店级别达到 5 ~ 10 个，成功孵化出的品牌有 VCRUAN、腻娃定制、榴莲家、小兔定制、EZ14、曹露家、OMG、毛小兔、小不列颠哈尼王子、泡沫之夏等。

姚蜜蜜一直强调自己是独立的个体，与缇苏只是合作关系，网红与孵化器的关系就如同艺人与经纪公司的关系一样微妙。

无论是凭借自身才艺走红还是通过精心包装走红，这批草根网红的崛起有赖于移动直播平台。对于那些处于底层社会的民众来说，成名的机会甚小，但通过移动直播平台，他们也能赢得全世界的喝彩，能实现自己的夙愿。移动直播平台为草根爱好者提供了一条公平、公正通往梦想的路径。

2.2 公众人物怎样直播保持热度

对于草根网红来说，直播是实现夙愿，改变经济状态的途径，但对于大多数公众人物来说，直播是维持个人热度的全新方式。直播投入低、时间碎片化，他们不会如同经营事业般经营直播，但直播能为他们的个人知名度和作品知名度带来巨大的提升，他们都期望借直播的势头打响自己的知名度。

2.2.1 企业家

现在移动直播发展的势头正盛，创造了无数一夜成名、一夜暴富的传奇，当多数人怀揣着走红网络、发家致富的意愿投身直播时，国内一些著名的企业家纷纷加入到"直播大军"中，他们渴望利用这种方式获得年轻消费者对自己企业品牌的认可。

案例 22：20 万粉丝围观，杨守彬豪掷一千万投资

时间：2016 年 6 月 6 日 20:00 到 23:00

平台：花椒直播

账号：大佬微直播

核心人物：杨守彬

效果：两小时 21 分的直播获 520 万人次的观看，获 40 万点赞及 400 万花椒币打赏（约为 40 万元人民币）

案例过程：

6月6日晚，杨守彬上花椒做大佬微直播通过 KOL 和朋友圈进行预热。

6月6日晚上8点开播，首先是大佬微直播 CEO 陈荣深对直播嘉宾杨守彬进行介绍，并抛出主题"让你如何更红更值钱"。

杨守彬以老朋友会谈分享的形式开启本次直播，他结合自身经历讲述如何在人人都能成为网红的时代变得更红更赚钱，抛出200万奖品和1000万投资基金的噱头将直播人气推向巅峰。

在直播中，杨守彬的投资界朋友纷纷前来站台，也有明星前来围观助阵，水木年华的缪杰甚至还为本次直播献唱两首英文歌热场，宋小宝和刘能则疯狂送礼。

案例解析：

（1）杨守彬和他庞大的朋友圈。本次直播的中心人物是杨守彬，他是中国创业和投资界最知名的"非著名不专业主持人"，拥有主持大型比赛的经验，主持风格幽默、风趣，在业内拥有相当高的知名度。中青创投董事长、中国青年天使会创始理事付岩，沈阳黑马副会长吴斌，酒仙网 CEO 郝鸿峰，"昂臣电器"创始人、黑马会温州分会副会长潘忠剑等众多大佬、创始人纷纷前来站台助拳，且直播早在开始前经由众多大佬和赞助品牌之手刷爆朋友圈。

（2）巨大的奖品利诱。这次直播互动最吸引粉丝的地方是总价值达 200 万的奖品，包括 30 万太空旅游、鸟巢直升机飞行体验及活动赞助商韩后天然化妆品等，同时还准备了 1000 万投资基金送给适合的投资者和项目。

案例 23：茵曼老方直播秀新品，互动特邀创新意

时间：2016 年 6 月 29 日

平台：花椒

账号：茵曼老方

核心人物：方建华

效果：直播在线观看人数达到 77 万

案例过程：

在直播开始前，方建华在微博上宣传自己的直播账号，为直播预热。

在直播过程中老方给网友们分享了自己的创业故事，介绍了自己的品牌。临近直播结束，老方还为大家演唱了两首歌曲，诚意十足。

除了老方，此次直播秀还邀请了多个化妆品品牌的"大佬"级人物进行共同直播，为大家分享干货，网友们在此次直播中收获满满。

老方表示，CEO 做直播不一定非要玩得花哨，可以拼敬业、拼信念、拼干货。

案例解析：

（1）错位营销。本次直播主推的是女性化妆品，而作为视频主播的却是一个男人，而且是一个光头的中年男人，激发用户的好奇心来观看本次视频直播，这也是利用了人类的猎奇心理。

（2）多品牌联动。除了茵曼公司以外还在直播中邀请了同样知名的品牌韩后化妆品的总裁肖荣燊、领秀品牌顾问创始人袁奇两位光头大佬作客。韩后、领秀都是国产化妆品行业的知名品牌，也等于给茵曼公司做了背书，增加品牌的可信度以及在用户心中的地位。

（3）产品现场展示。本次直播的主要目的就是展示茵曼的新款产品，在直播现场也拿出了很多新产品现场试用，带给受众直观的感受，利于激起用户的购买欲望。

案例 24：传统媒体与场地产业的直播探索之路——王健林直播首秀携手鲁豫有约

时间：2016 年 5 月 27 日下午 14:00 和 5 月 28 日 8:00、下午 13:00

平台：熊猫 TV

账号：鲁豫有约小助手

核心人物：王健林

效果：直播开始后在线人数轻松破万，同时在线人数峰值达到 30 万，观看总人数达到 500 万

案例过程：

熊猫 TV 官方微博发布了 #王健林直播首秀# 的消息，号召网友观看直播。

直播的主要内容是随同王健林视察万达南昌旅游文化城项目，当天直播开始后，首先出现王健林及万达高层在其私人飞机上斗地主的场面，逗笑的场面引起网友的围观与起哄。

王健林视察万达南昌旅游文化城的整个过程相当于让网友通过直播平台游览了一次万达南昌旅游文化城。同时，王健林和主持人鲁豫做了一些关于旅游文化城的讨论与互动，如一起体验园区里面的游乐设置、王健林发红包等。

案例解析：

（1）核心人物知名度高。王健林作为亚洲首富、万达集团的老大、

王思聪的父亲，拥有着极高的话题性。大多数人会对这位亚洲首富的日常生活、工作状态产生好奇心，主办方以"首富王健林的一天"为主题，巧妙地利用网友窥探名人生活的心理完成了围绕万达旅游文化城的大规模传播曝光，产生了极大的影响与网络口碑。

（2）直播效果一举三得。这次直播一方面为万达文化旅游城站台，开拓了地产行业营销传播的新玩法；另一方面为熊猫TV带来大量流量，提升了平台知名度与影响力；对于鲁豫来说，这也是传统媒体在直播风口下的一次新的探索：传统的电视节目在即时性、互动性上有所欠缺，无法给用户提供一种真实感与亲近感，而直播正好可以解决上述问题。

案例25：中国数字营销圈第一网红徐扬谈视频社交营销

时间：2015年5月28日22点

平台：花椒

账号：大佬微直播

核心人物：徐扬

效果：两小时43分钟的直播时间，在线人数过86万，收获打赏人民币1万多元

视频链接：http://www.huajiao.com/l/14884512

案例过程：

5月22日晚上8点，微播易创始人徐扬出镜，从微博营销→微信营销→朋友圈营销→视频社交营销，通过解析社媒营销的变迁引出核心话题——视频社交营销。

徐扬将视频营销分为 3 类，即 PGC（多渠道细粉 IP）、UGC（自带流量的病毒视频）和直播，又将直播平台上的网红分为泛娱乐型、明星大咖、才艺型 3 种类型，列举了直播的六大玩法：直播 + 发布会、线上互动、产品体验、电商、培训、招商等。随后进入粉丝提问时间，粉丝的问题核心关键词有营销、创业和直播 3 个。

随着问题的深入，粉丝人数也在不断增加，最后一举突破 80 万。徐扬总结说：无论是创业是还是营销，专注最重要，专注产品、专注营销通道。

在直播过程中有一个很有趣的互动环节，也就是在线粉丝涨到 5 的倍数，徐扬就吃两片花椒芽，展现了徐扬憨厚、有趣的一面，加上干货十足的内容，不断赢得粉丝送礼。

案例解析：

（1）主播知名度高。徐扬本人有多重身份，在数字营销圈具有较高的地位，一呼百应。

（2）有众多大佬的捧场。在直播中多次提到酒仙网的郝总、奇虎 360 公司的董事长周鸿祎也给徐扬送了"一只肥皂"。

（3）内容有干货。从一开始对社交媒体的演变进行分析，到对视频社交营销的深入剖析，再到对直播的更深层次的诠释，最后（也是最重要的）是在与粉丝互动的时候表现出专业和亲和力。

（4）趣味互动。在本次直播中，当在线观看人数达到5的倍数的时候主播吃花椒芽，以及网友多次给徐扬送魔法化妆水，将徐扬变身兔子吃草等。

2.2.2　权威人士

除了企业家外，各大行业的权威人士也投身到直播的行业中，其中不乏"政界大咖"，直播可以缩小权威人士与普通民众之间的距离，对于"政界大咖"来说，更能让群众了解自己的工作与生活。

案例26：原美国驻华大使骆家辉现身映客

时间：2015 年 11 月 16 日 10:42

平台：映客

账号：紫辉创投刚叔叔

核心人物：骆家辉 郑刚

效果：传奇政界人物现身直播引网友震惊，通过直播平台交流体验更不可思议

案例过程：

2015 年 11 月 16 日上午直播开始，画面中出现的是直播账号主人

公郑刚先生，即陌陌和锤子科技的投资机构——紫辉创投的天使投资人。此次直播是以郑刚先生随性拿出手机打开 APP 开始的，而此时相聚的好友骆家辉和其他几位上前与网友们打招呼。

对于直播上突然出现的骆家辉先生，网友感到震惊、"活久见"，期间不乏网友开玩笑说"骆大使带我向奥巴马带个好"。郑刚一边用英语与骆家辉聊天，一边不忘与网友积极互动，整个直播过程较为愉快。

（图片来源：凤凰网）

案例解析：

（1）核心人物身份独特。作为原美国驻华大使、政坛风云人物，网友对于骆家辉的印象都是通过新闻、访谈等视频节目得知，因此当形象鲜明、身份独特的人物出现在直播上时会立即引发网友的新鲜感和独特体验，而骆家辉紧跟互联网热潮的举动也使个人形象更为立体。

（2）直播分类思考。目前直播平台同质化的现象非常严重，内容也使网友渐趋审美疲劳，所有平台大同小异，要找到未来的方向就必须细分人群、市场，比如一直播联合微博主要针对明星大 V，这次直播对平台的品牌传播起到了一定的积极作用。

2.2.3 明星

相较于企业家和权威人士来说，直播对于明星的意义更大，直播不仅能为明星带来与粉丝拉近距离的机会，更能为明星工作的宣传、推广带来巨大的帮助。对于粉丝而言，直播是与偶像互动的最好平台。

案例 27：赵本山的女儿赵一涵变网红玩直播，岳云鹏、宋小宝捧场

时间：2016 年 4 月

平台：映客

账号：球球萌

核心人物：赵一涵

效果：当选网络红人节"十大网络直播"的第一名，票数达 104 万张

案例过程：

今年 4 月 18 日，赵一涵更新微博，晒出一张直播中的截图并写道"报新闻请报我好看的图，谢谢"。

4 月份，赵一涵在直播中展现出她比较全面的实力，她展示过抒情歌、快歌、说唱及英文歌等，自称钢琴十级，会弹吉他。

4 月中旬，岳云鹏、宋小宝、赵本山的徒弟程野等本山传媒的朋友观看赵一涵直播，让映客女主播赵一涵受到网友的热烈关注，其"赵本山的女儿"的身份被网友广泛知晓。

5 月 31 日，赵本山更新了五年不用的微博，晒出女儿赵一涵的美照，并大声疾呼为其参加"十大网络主播"评选拉票。

6 月 16 日晚，近百位网红齐聚在上海，参加新浪微博超级红人节。赵一涵当选网络红人节"十大网络直播"的第一名，票数达 104 万张。

案例解析：

（1）核心人物自带"走红属性"。拥有"星二代"光环的赵一涵，作为中国首屈一指的笑星赵本山的女儿，一举一动很容易受到大众关注。另外，赵一涵身上充满话题性，具备"整容脸""晒大牌""段子手"等标准网红属性，加上自身亲和力十足，乐于和网友互动，自身充分具备成为网红的条件。

（2）大咖助阵。在赵一涵做直播时，赵本山的徒弟和本山传媒的相关人员都来助阵，本山大叔也默默在直播间潜水，为赵一涵的直播大大增加了话题度。

综合而言，赵一涵充分抓住了"网红经济"的浪潮，将粉丝转化为购买力、消费力，通过粉丝礼物变现，日赚 88 万元，成功地实现了名利双收。

案例 28：李冰冰直播化妆，秒变可爱吃货，引发 330 万人围观

时间：2016 年 5 月 11 日

平台：一直播

账号：李冰冰

核心人物：李冰冰

效果：17 分钟的直播带来超 330 万人次的观看，同时观看人数峰值最高达到 58 万

案例过程：

5 月 11 日晚，李冰冰通过微博上的一直播与网友分享了她在戛纳电影节红毯前化妆间的直播视频，直播开始时，李冰冰不仅在镜头前比 V 卖萌、扮可爱，还跟粉丝打招呼，十分俏皮、可爱。

　　直播中李冰冰大喊好饿，早上五点起床到中午还没吃饭，并瞬间变身一枚可爱的吃货，连换礼服之前都不忘跑到餐桌前吃上几口食物，还吐槽说自己只能吃水煮的菜叶子。她与网友的互动也很有趣，比如"听说直播有打赏的怎么没看见打赏"，其东北口音也逗笑不少观众。她期间还拿造型师"开涮"，称造型师太磨叽，并要求网友认清他。全程给人亲切、接地气的感觉，为粉丝展现出她可爱、逗趣的一面。

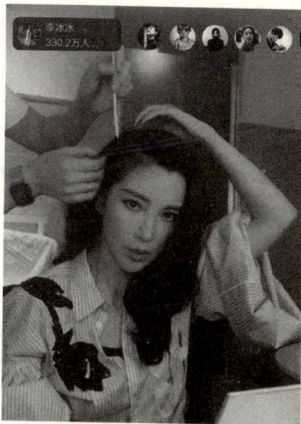

案例解析：

　　（1）核心人物知名度高。这次直播核心人物是李冰冰，她已有很高的知名度，微博本身已经有了3000多万的粉丝数，很好地对这次直播进行了扩散。

　　（2）直播内容逗乐有趣。这次直播互动有趣，全程给人的感觉非常亲切、接地气，李冰冰在吃和化妆时还不忘与守在手机前的粉丝亲切互动，为粉丝展现出她亲切的一面。

案例 29：著名表演艺术家宋丹丹首次亮相全民 TV 的网络
　　　　直播

时间：2016 年 5 月 26 日

平台：全民 TV

账号：全民 TV- 直播平台

核心人物：宋丹丹、宋丹丹的儿子巴图、"全民 TV"直播红人帝师

效果：近 300 万用户在线观看，观众的实时互动更是热情高涨，
整齐划一的弹幕引得宋丹丹惊呼"不得了"

案例过程：

5 月 26 日，宋丹丹在儿子巴图家中首次亮相全民 TV 直播平台，
画面首先是巴图、宋丹丹、帝师一行人的聊天，虽然初涉直播，但宋
丹丹很快与网友打成一片，熟练地与观众弹幕互动，并直呼要换三点
式和网友互动，同时以"宋丹丹首次亮相直播平台"的噱头将直播推
向高潮，在线人数突破 256 万。

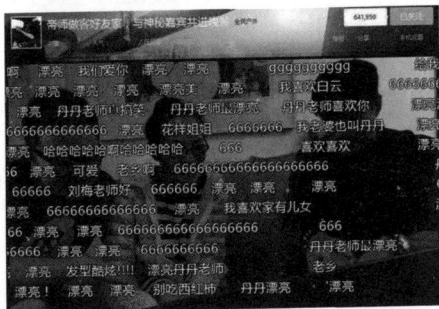

当提到儿子巴图喜欢玩游戏时，宋丹丹更是展现了开明的一面，
表示儿子在游戏这一方面更加专注、更能集中注意力，只要喜欢，能

通过玩游戏养活自己也是一件好事。

直播最后，宋丹丹不忘欢乐本性，为网友送上一句经典粤语东北歌《屯儿》："我滴老嘎，奏组在这个屯儿，我系这个屯里土生土长的羊"，依依不舍的网友同样在弹幕送出了各自对宋丹丹老师最深的祝福。

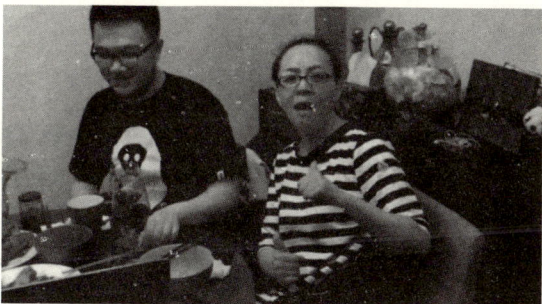

（粤语东北歌《屯儿》的欢乐互动）

案例解析：

（1）核心人物知名度高。这次直播的核心人物是宋丹丹，宋丹丹在"台前"一直是搞笑娱乐大众的明星，而网民对"幕后"的宋丹丹却一无所知。直播期间，宋丹丹身着家居服，状态十分放松，就连上餐桌时也一边直播一边将计算机放在餐桌前观看自己的直播，非常轻松地和网友打成一片，避免了直播时的尴尬和冷场。同时加上全民 TV网红——帝师的人气，将这次的直播推向巅峰，在线人数突破 256 万。

（2）直播效果一举多得。这次直播互动最吸引人的画面是大家看到了日常生活状态的宋丹丹和儿子巴图，感受到了大明星最接地气的一面；同时直播期间宋丹丹表示儿子喜欢玩游戏，并提到如果在直播平台上看到"游戏主播巴图"也不要奇怪，成功地为儿子巴图之后想要进入游戏直播平台做了很好的曝光。

案例 30：刘诗诗出镜上 CC 直播，31 万用户线上观看

时间：2016 年 6 月 30 日 14:30

平台：CC 直播

账号：梦幻西游品牌发布会正在直播

核心人物：刘诗诗

效果：当天网易 CC 直播三端观看用户量达到了 180 万人次，最高同时在线高达 31 万

案例过程：

6 月 27 日，梦幻西游官方发布其品牌代言人刘诗诗将于 6 月 30 日出席 2016 年梦幻西游品牌战略发布会的消息，受到刘诗诗粉丝以及游戏粉丝的广泛关注。

6 月 30 日下午 14:30，梦幻西游战略发布会直播开始，整个发布会通过网易 CC 直播平台 CC520、CC518、CC530 三个频道全程直播。刘诗诗在发布会中段登场，在表达对游戏产品的期待后在现场玩起了游戏，亲身体验了《梦幻西游》互通版。在直播最后刘诗诗还进行了游戏的启动仪式并合影留念。

直播过程受到刘诗诗庞大的粉丝群以及梦幻的广大玩家群的关注，特别是刘诗诗上台的几分钟内直播观看人数飙升，弹幕数量瞬间增加，大量"女神嫁给我""女神诗诗"等弹幕遍布了整个画面。

另外，此次直播还有 CC 直播平台的 4 位人气主播进行了手机全程直播，手机端的直播有刘诗诗在 VIP 室、会场内等独家画面，粉丝们可以通过手机端在线上和刘诗诗进行互动。

案例解析：

（1）明星效应。刘诗诗作为拥有很高知名度和庞大粉丝基础的明星，本身具备一定的号召力和影响力，吸引了更多的人群关注此次发布会。视频直播的即时性、互动性以及视觉上的直观性也更能满足大众对明星的窥探欲。

（2）PC 直播与手机直播结合。此次游戏的发布会直播将 PC 直播与手机移动直播结合，手机直播不同于 PC 端的直播内容、角度和模式，增添了直播的趣味性和互动性。

（3）明星、品牌和直播平台的合作共赢。明星网络直播是一种新的合作模式，明星转战网络直播增加曝光度，提高和巩固人气是最近的流行趋势，而品牌和直播平台也需要借助明星的影响力提升关注度和流量。

案例 31：蒋欣生日直播十分钟，点赞数超 3000 万

时间：5 月 8 日中午

平台：一直播

账号：147583（蒋欣 ID）

核心人物：蒋欣

效果：直播时间在十分钟左右，累计观看人数达 817.3 万，同时在线人数峰值为 114.9 万，点赞数高达 3332.4 万

案例过程：

5 月 8 日既是母亲节，又是蒋欣的生日，蒋欣利用中午吃饭的时间在片场为粉丝直播。直播一开始出现的是蒋欣刚拍完戏的画面，随着拍摄人员的走动，片场的各种器材、工作人员进入观众眼帘，给观众带来身临其境的感受。

蒋欣接过手机开始直播模式，摄像头环视片场，依次介绍化妆师、发型师、服装师、导演以及同剧组演员，现场氛围十分欢乐、融洽。蒋欣带着观众一一参观摄影棚，并介绍各场景在剧中的用途，讲述拍摄过程中的故事。

在直播中，蒋欣通过做鬼脸等表情与粉丝互动，粉丝热情高涨，弹幕一度霸屏，直播效果极佳，吸引大量网友围观。

案例解析：

（1）明星本人知名度较高，直播主题吸引力较强。蒋欣在《后宫甄嬛传》中塑造的华妃一角深受好评，形象与演技受到观众认可，拥有大量粉丝，为本次直播提供了人气保障。5 月 8 日既是蒋欣的生日，

又是母亲节，以蒋欣与母亲共度生日作为直播主题吸引了大量观众前来围观。

（2）满足窥探心理。蒋欣通过直播将电视剧拍摄现场真实地展现在观众眼前，满足了大众的窥探心理，使直播获得了极大的关注度与好评。

（3）作品营销一箭双雕。直播期间正逢电视剧《欢乐颂》热映，蒋欣作为此剧的主演之一人气高涨，这次在新剧片场直播，一方面能炒热热播剧话题，另一方面也能增加新剧的关注度，从而对新剧进行宣传，起到一箭双雕的作用。

案例32：李小璐玩直播网红味十足，网友热议纷纷

时间：2016 年 5 月 28 日上午 11:30

平台：咸蛋家

账号：优姐（《优品》杂志官方直播账号）

核心人物：李小璐

效果：直播一小时就有超 25 万人次同时观看

案例过程：

5 月 28 日上午 11:30，《优品》杂志官方直播账号开始直播《优品》杂志 7 月刊的封面人物——李小璐的拍摄全过程。此次直播由优品杂志在咸蛋家直播平台官方账号进行录制，直播开始首先是李小璐出镜，跟大家打招呼，整个画风透露着浓郁的直播平台女主播味儿。

随后化妆师出场，为李小璐化妆。李小璐与化妆师互动表现得十分欢乐，偶尔还比 V 卖萌、晒侧脸，与粉丝互动。

最后直播中发型师给李小璐做发型，发型师在做发型的同时李小璐与大家互动，她欧美式夸张的双眼皮十分显眼，有观众留言"真的是李小璐吗"。

案例解析：

（1）核心人物知名度高。这次直播的核心人物是李小璐，童星出道的她近几年因家庭再次出现在大家的视线中。她的"锥子"脸、双眼皮、皮肤都得到网友的关注。同时，她的幸福家庭也得到大家的关注，女儿甜馨活泼、可爱，老公贾乃亮也是搞怪十足，一家人的幸福生活得到大家的认同。

（2）直播效果一举三得。此次直播是《优品》杂志主办为7月刊做宣传，借助李小璐为此次婚庆特刊做封面进行推广；同时，李小璐也通过直播凸显自己的个人魅力，赢得更多网民的关注；最后，此次直播的平台咸蛋家也对此次直播进行宣传，借此提升平台自身的知名度。

案例 33：花椒自制节目《马斌读报》，积累人气破百万

时间：从 2016 年 6 月 20 日起至今，每天早上 8：00～9:00

平台：花椒

账号：马斌

核心人物：马斌

效果：该系列节目自直播开播以来每期平均 10 万以上观看人数，人气破百万

案例过程：

2016 年 6 月 20 日，花椒自制节目《马斌读报》正式上线，每周一至周五早上 8:00，著名主持人马斌将以直播读报的形式带领观众深入了解时事热点。

这里我们从系列直播中挑选一个展开分析描述。节目开始，马斌身处中国香港的紫荆广场，镜头前就是维多利亚港，主要对英国脱欧、江苏盐城龙卷风灾害以及近期关于学生、学校的话题发表个人观点，后续对一些全球社会新闻做了简单阐述，最后以直播视角带领观众游览了动漫主题乐园，和观众积极互动。

在直播的最后阶段，马斌以直播视角带领观众游览了动漫主题公园，化身"导游"向观众展

示中国香港漫画里的角色雕塑，很积极地与观众互动，让观众感到十分亲切感，直播在一片欢乐的气氛下结束。

案例解析：

（1）开播之前有稳定的受众粉丝。马斌作为央视前主持人，先后主持过知名节目《前沿》《第一时间》《马斌读报》等节目，其中《马斌读报》提倡多元观点、用多维视角表达观点，以新颖的立意深受观众好评。主持人马斌个性地表达自己的观点，形成颇具个人魅力、轻松诙谐的主持风格，也积累了较为忠实的观众。当节目移植到直播平台时，因节目本身就具有很高的互动性和"名嘴效应"，使之前的忠实受众群体无缝向花椒平台转移。

（2）有价值的内容输出。马斌以自身丰富的知识储备结合亲身经历对社会热点通俗易懂的做出自己的解读，让直播受众更好地理解热点事件带给社会的影响。在移动互联网时代，用户十分看重有内涵、有价值的内容，加上直播节目中主播的独特个人魅力，取得良好的传播效果并非难事。

第3章
直播营销：善于营销才能玩转直播

　　直播的火越烧越旺，但多数人对直播的印象还停留在各大直播平台和APP，如目前较火爆的花椒、映客、一直播等。这些直播平台在网红主播、平台建设和推广等方面需投入大量的资金和人力。对于尚未有足够财力和物力的公司来说，他们也寻找到了新的突围方式，创造了全新的"直播＋"模式，不能自己做平台，但可借用原有平台加入直播元素，例如"直播＋电商""直播＋美食""直播＋旅游"等，这种新型的结合方式日益成为平台选择与企业合作的模式，它为直播平台找到了一种良好的变现方式。

3.1 直播+电商

案例 34：万众期待的魏晨空降聚美优品直播，一小时卖出
30000 支 BB 霜

时间：2016 年 6 月 16 日 19:30

平台：聚美优品

账号：菲诗小铺

核心人物：魏晨

效果：魏晨出场五分钟，直播平台粉丝数突破 200 万，刚上线聚
美平台的菲诗小铺限量版气垫 BB 霜瞬间售空，一小时内菲诗小铺的
产品实现上百万的销量，最高在线人数超 500 万

案例过程：

6 月 13 日 11:58，直播预热，聚美 CEO 陈欧在微博上发布聚美 6
月明星直播九宫格预告海报，魏晨"魏"你代言直播首次预告。

6 月 13 日 13:37，聚美优品官方微博发起#聚美明星直播月#话
题，发布中韩各明星直播九宫格预告海报，魏晨"魏"你代言直播第
二次预告，同时开展转发给三位好友抽 30 位粉丝送护肤品的活动。

6 月 15 日 14:23，直播前一天魏晨发布直播预告海报微博，邀请聚美
陈欧一同唱聚美优品主题曲《我为自己代言》，同时开展转发微博送 10
份菲诗小铺顶级礼盒的活动，吸引了大量粉丝互动转发、扩散。

6 月 15 日 21:06，聚美陈欧转发魏晨微博，并回复"明天见哦"，
答应邀约。

6 月 16 日，thefaceshop 官方微博和聚美优品官方微博转发魏晨微博，直播预告。

6 月 16 日 19:30，直播正式开始，仅五分钟，直播平台的粉丝就突破 200 万，魏晨承诺当粉丝突破 500 万大关时亲手送给粉丝一张签名的新专辑《白日梦想家》，粉丝们再度出现沸腾。

在主持人的引导提问下，魏晨还提到了护肤小秘诀，并巧妙地带出菲诗小铺的护肤品。短短几分钟，刚上线聚美优品的菲诗小铺限量版 BB 霜瞬间销售一空。

为了给现场的粉丝争取更多的福利，魏晨和现场的粉丝玩起了猜歌送礼物的游戏。聚美 CEO 陈欧在现场还为粉丝派发万元红包，赢得了全场欢呼。

20:45，聚美直播在线观看人数突破 500 万人次，创造了聚美直播历史的新高度，魏晨履行承诺送出专辑，引发粉丝狂暴刷屏。

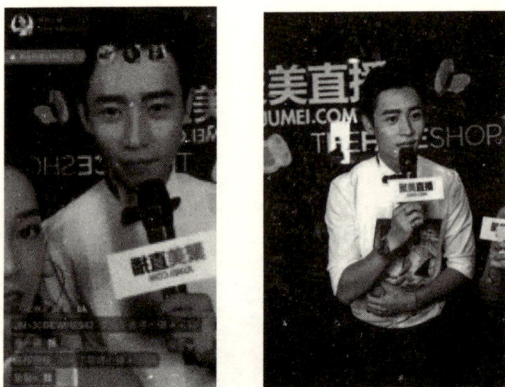

（本案例图片均来自聚美优品–菲诗小铺）

案例解析：

（1）平台粉丝基数大。聚美优品平台作为一个拥有六年历史的电商平台，拥有广泛的用户群体。聚美优品直播自 2016 年 3 月份正式上线以来一直主打"明星＋品牌＋直播"的模式，先后经过了 50 多场明星直播。

（2）预热充分。官方电商平台、领导人、品牌官微对直播进行了多次预告，开展转发送福利的活动，吸引用户的持续关注、参与和扩散。同时明星利用自身的公众影响力发布预告海报微博，吸引了大量明星粉丝的互动和关注，也为此次直播活动奠定了强大的粉丝基础。

（3）直播中多重福利回馈粉丝。直播中不仅通过各种小游戏送礼品满足了现场粉丝的需要，还直播截屏送礼品、开展在线秒杀活动、发放红包福利，以及突破目标粉丝数时送亲笔签名新专辑，等等，深度刺激粉丝参与互动，各种福利轮番调动现场粉丝和网友的高涨热情。

（4）巧妙的产品植入方式，便捷的购买流程。明星在分享自己的护肤秘诀的同时自然地带出了使用的产品，而且"边看边买"的购物场景更加简化了购买流程，同时赋予粉丝各种福利，引爆了销量，实现了平台、品牌和粉丝的共赢。

案例35：柳岩一小时淘宝直播，吸引近十万人观看，卖出面膜两千多件

时间：5月24日21:00 ~ 22:00

平台：聚划算淘宝直播

账号：佰草集、周大生、艺福堂、楼兰蜜语、威古氏、爽健丝柔

核心人物：柳岩

效果：柳岩在直播过程中共推荐了6款商品，在直播一小时内最终销售结果是枣夹核桃卖出两万多件、柠檬片卖出4500多件、面膜卖出两千多件，单价一千多的手链卖了52件

案例过程：

今年5月，柳岩与阿里巴巴聚划算合作，开始了直播处女秀。在5月24日当天，聚划算官方微博发布柳岩直播的信息，其他品牌合作方也各自转发或直发此次事件。

在手机淘宝APP与聚划算APP中，淘宝直播专栏加入了柳岩直播处女秀banner对此次事件进行宣传。

在直播开始时有超过14000人观看，在直播结束时最终观看人数停留在97000人。在直播过程中，柳岩依次介绍此次活动的品牌以及参加活动的方式——语音口令。在视频左下角有"购物车"按钮，大家可将直播的产品加入购买清单。

案例解析：

（1）巧设购物车，加速转化。直播页面左下角的"购物车"按钮让用户不必离开直播场景即可查看直播的产品信息，提高了产品的销售转化率。

（2）活动话题与活动口令高度统一。活动方聚划算与品牌参与方的话题皆为＃品牌聚合 岩色来袭＃，话题统一，有助于品牌抱团传播；参与活动的语音口令句式统一顺口，如"聚宝周大生""聚眼威古氏"等，可强化用户对产品的印象。

（3）活动福利丰富。一分钱秒杀六大品牌的价值24万元的奖品，以主播重复的活动参与提示推动消费者的参与。

案例36：两小时卖出近2000万成交额，张大奕超越柳岩记录，观看人数高达42万

时间：2016 年 6 月 20 日 18:00 ～ 22:00

平台：淘宝微淘

账号：张大奕 eve/ 吾欢喜的衣橱

核心人物：张大奕

效果：42.4 万人次观看，约 2000 万成交额，客单平均价 400 元，刷新了淘宝直播间引导销售记录

案例过程：

6 月 20 日，淘宝开启直播 100 天，并在第 100 天上午 10 点开始直播，持续到晚上 11 点，邀请李菲儿、刘洲成、陈晓东、沈梦辰、蜜蜂少女队等影响较强大的明星共同参与，其中张大奕作为唯一一位红人店主，独占 18:00 ～ 22:00 的 4 个小时黄金时段对店铺上新产品进行直播代言。

6 月 19 日，淘宝、淘宝直播及张大奕在微博上以"淘宝直播 100 天"为嚎头放出预告消息。海报除预告时间以外配合文案为"扒一扒张大奕背后的秘密工程"，引发粉丝、路人的高度好奇心：网红变现背后到底原因为何？

在直播中，张大奕为粉丝解说多套自家新品细节、用料、版型及裁剪，并亲自试穿出镜，期间还回答粉丝关于穿衣搭配及对新品细节等方面的提问。在直播间左下角有一个"宝贝 50"的小图标，点击这个小图标能看见张大奕店铺本次上新的 50 件新品，也可直接跳转至购买页面，提前将新品加至购物车，这也是此次直播"边看边买"的一大卖点。

在直播期间，张大奕调侃自己的直播像夜间电视购物频道，一直与粉丝互动。为粉丝讲解穿搭时，她还请了几位身材不同的女生试穿，为粉丝解疑。在换衣间隙，张大奕也与粉丝交流日常护肤、常用化妆品等变美秘诀，话题宽泛，吸引女性群体关注。

直播全程利用弹窗优惠券打造粉丝福利，承诺粉丝阶段性发布，如观看量达到3万就发20元优惠券，5万发50元优惠券，10万则发最大面额500元优惠券。张大奕也向此前微淘直播记录保持者柳岩下了挑战书，并成功打破。

张大奕在直播中从公司到了她的服装工厂，带领粉丝参观工厂打版房、成衣间、面料房及仓库，并为大家一一讲解自己的用料、囤货及质检工人。通过采访面料研发室的研究员的环节，张大奕代表粉丝向研究员询问了粉丝最关心的问题，通过研究员的回答说明了张大奕自身品牌的质量及诚信。在后期新品发布时，张大奕带领粉丝来到了客服办公室，令粉丝直观地看到上新抢单的火热程度，并随机选择电话连线粉丝顾客，赢得粉丝的高度信任及好感。

案例解析：

（1）预热充分。直播前张大奕在自媒体平台（如微博、微淘）发布预热信息，6月19日由淘宝、淘宝直播、张大奕共同发起一波悬念预热。

（2）自身强大的IP。拥有四百三十万粉丝的张大奕本身就是一个强大的 IP，并已拥有一批固定的顾客粉丝，此次直播网友关注的不止张大奕本身，还有背后的品牌。

（3）跨界合作。与微淘达人合作，全程淘宝跟拍记录采访以及淘宝微淘推荐位也为此次直播成功做出重大的贡献。淘宝直播能够打造更便捷的购买方式，充分实现"边买边看"的新型购买方式，这也是本次直播不容小觑的一大优势。

案例 37：直播吴尊出镜半小时，为惠氏变现 120 万人民币

时间：2016 年 5 月 28 日 20:00

平台：淘宝微淘、美拍直播

账号：启赋官方旗舰店、时尚 COSMO

核心人物：吴尊

效果：一小时淘宝直播总观看人数达 7.4 万，平台总观看人数超过 15 万，直播互动量总和超过 137 万，总营销额达到 120 万

案例过程：

2016 年 5 月，在淘宝"直播＋电商"模式初步试水成功阶段，惠氏启赋决定举办以"吴尊直播首秀"为噱头的一场直播活动。

5 月预热开始，时尚 COSMO 在微博发起 #潮爸吴尊开直播# 取得 2368.7 万阅读量、近 5000 讨论量，在整个预热期持续炒热话题，推动粉丝互动，增加曝光量。除此之外还联合网站门户自媒体发起悬念预告。

直播前夕惠氏启赋官方旗舰店、时尚 COSMO 在自媒体平台将话题推至最高，并发出"如何边看男神边抢福利"的粉丝长图攻略，提示粉丝先将产品加入购物车，增加直播销售量。

当天共直播 56 分钟，但吴尊实际出镜画面大概只有 30 分钟。在很长一段时间，直播画面只显示一张写明直播时间等信息的图片，好在前期长时间预热及大量曝光，已有很多粉丝表明"说话不算数""等不及了"等，大部分粉丝都愿意等待。直播期间有两位美女主播各掌控一个平台，通过与粉丝互动、收集粉丝问题来维持高度关注。

美女主播代表粉丝向吴尊提问如何搞定宝贝女儿，吴尊向粉丝揭秘了拥有三大秘密武器，还向大家透露了一些生活小片段、尊式育儿观，满足了粉丝的好奇心，期间穿插着自己与惠氏启赋这个品牌的一

些小故事，听说惠氏启赋在直播期间有优惠活动，吴尊大喊"帮我抢十罐"。

期间主播还带领粉丝体验吴尊的工作日常，如广告片到底是怎样拍出来的。回到休息室后美女主播对吴尊的私人手机相册来了一个大突袭，吴尊为大家展示了 NeiNei 游玩迪士尼的照片，无意间曝光了小儿子 Max，还满足了粉丝的提议大秀肌肉，并以此结束了直播。

案例解析：

（1）预热充分。从吴尊接受代言后便话题不断，今年5月，两家品牌合作将直播话题推至最高，为粉丝留下许多悬念。

（2）销售植入成功。吴尊没有俗气地在直播中插入口播，而是分享自己的育儿、与 NeiNei 去奶源工厂等亲身经历为网友更直观、更真实体现品牌质量。

（3）转化量高。预热期间便不断炒热优惠活动，并在优惠前贴心地为粉丝顾客制定好购买方式，让粉丝实现"边买边看"的新型购物方式。直播期间的单品转化率高达36%，这是平时惠氏启赋电商平台转化率的7倍多，总销售额达到120万元。

案例38："村红"直播找土货，开播5秒土鸡蛋卖出4万枚

时间：2016年5月30日上午10:00开始

平台：淘宝直播

账号：淘女郎李爱爱

核心人物：淘女郎李爱爱、村淘合伙人及秀山村村民

效果：共计14万人次观看，同期在线人数近5000人，点赞次数9万次，开播前5秒土鸡蛋销售4万枚，截至当天下午3点，土鸡蛋销量突破10万枚

案例过程：

5月23日"村红"直播项目组先后到雅江镇、洪安镇、官庄镇、平凯镇，为首播项目的秀山农家土特产品进行踩点。秀山物流园微博对本次直播活动进行同步预热播报。

5月30日上午10点正式开播，登上"淘宝直播"首页。"村红"以直播的形式带领网友深入重庆土家族苗族自治县，实时展示原汁原味的农家土货采集过程。

直播开始后，农村淘宝"村红"团队三人先是来到重庆秀山生态养鸡场。开播不久在鸡场内追截一只农家大土鸡，在土鸡一跃而起的瞬间，现场及直播观众都为之惊叹，充分展现了"秀山土飞鸡"的魅力。养鸡户即时在直播镜头前向观众介绍正宗土鸡的特点，这也是本次直播主推的土特产之一。

随后采集土特产之二——土鸡蛋，在直播现场，养鸡户大叔现场讲解辨别真假土鸡蛋的秘诀，并用该鸡蛋做菜。从采集到"验货"再到上饭桌的过程吸引了众多直播观众边看"边剁手"，截至当天下午3点，土鸡蛋销量突破10万枚，该直播的变现效果非常可观。

（图片来自秀山物流园官方公众号）　（图片来自秀山物流园官方公众号）

从雅江镇桂坪村山野果林开始到边城洪安古镇再到秀山物流园区的花灯美食街，"村红"带着网友深入抓土鸡、捡土鸡蛋、寻农家腊肉、割蜂蜜、炒茶叶、人工刺苗绣，探索这些极具风土人情的秀山"土货"。

晚上50位农民带着自家的土特产来到"村淘大集市"，通过直播向网友们展示自家的宝贝，还直播了工作人员现场打包、装车、发货的全过程。

案例解析：

（1）形式新颖。看多了明星、网红、模特直播，大部分粉丝没看过"村红"直播，仅看创意就已经非常吸引人。用模特与村淘合伙人作为主角，网红结合农家户外直播，吸引了更多年轻用户观看。

（2）最大化曝光量。农村、淘宝官方合作进行推广，打造村淘日，前期造势充分，直播也登上首页。

（3）所见即所得，提升用户信任度。从产地源头用最真实的直播镜头展示土特产的优胜之处，同步讲解专业知识，所见即所得。

（4）直播同步销售，提升购买欲望。由于是淘宝直播渠道，直播时同时放出了商品购买链接，传播与销售同步进行，大大提高了购买欲望，转化率奇高。

案例39：Angelababy被堵路上直播涂唇膏，两小时卖出10000支美宝莲口红

时间：2016年4月14日傍晚

平台：淘宝微淘

账号：美宝莲

核心人物：Angelababy

效果：超500万人次观看，卖出10000支口红，实际销售额达142万元

案例过程：

今年4月，美宝莲选择了天猫微淘试水直播营销，第一仗就是4月15日举办的新晋代言人Angelababy参与的"唇露"新品发布会。

4 月 6 日，悬念预热开始，店铺微淘页面发起有奖竞猜："作为新晋代言人，Angelababy 会为美宝莲代言哪款产品？"并抛出猜对送 Angela Baby 代言同款的奖励。

4 月 9 日，品牌在微淘发起 Angelababy 化妆包又添新宝贝的话题，公布即将发布的新品——好气色唇露，同时展开"留言发送你的纽约 baby 潮妆试妆照拿 ab 见面会入场券和十五支好气色唇露"活动。

4 月 13 日，品牌又在微淘上推出一波互动："猜猜哪一张是 baby 的嘴？"在新品发布会为主线的同时穿插 Angelababy 平时的小八卦，例如平时会用什么样的妆容吸引晓明哥之类。同时，新品的预售链接公布，并推出预售减十元的利益点，将用

户由话题引入新品预售的详情页，详情页内设置了提前购买就送 VR 眼镜、400ml 眼唇卸妆液、明星签名贺卡等赠品优惠来吸引用户下单。

4 月 10 日开始，品牌就向已收藏或者在购物车收纳了美宝莲产品的消费群体，投放了一波新品预售的信息，并有按钮引导点击直播话题。预售期间，唇露的销量就已达到 1700 支。

4 月 14 日，距离直播还有 5 个小时，微淘发布一组直播倒计时海报，放出 Angelababy 广告视频和直播地址，紧跟直播中才会揭晓的悬念话题：当高端彩妆遇上 VR 虚拟现实会是什么样？ Angelababy 会在

晓明哥还是 GD 的照片上印唇印？再次吸引一波关注。

4 月 14 日下午 3 点，直播上线，微淘顶端 banner 弹窗预告 Angelababy 行程、预售详情等持续不断，将曝光集中到最顶峰。

直播开始后，直播主持人揭晓 Angelababy 美宝莲纽约品牌代言人的身份，并不断向观众传达 Angelababy 在发布会现场的每个实时状态。同时，一个购物车的小标志被设置在直播页面的下方，观众可以直接点击将产品放入购物车。

Angelababy 在直播中主要是以明星私下的赶场、化妆间里的真实面目等形象出现，还在镜头前教大家正确地涂口红，显得很真实、亲切。直播也通过 50 位美妆网红同步到了其他直播 APP 上，她们通过熊猫 TV、Nice、美拍等在现场拍摄和播出，后台再把信号源转接到 H5 页面上，与 Angelababy 同框出现，在微信朋友圈中疯传。

案例解析：

（1）预热充分。从 4 月 6 日开始预热到 4 月 14 日直播，做了一周多的预热，从悬念到揭晓悬念一共有 5 波互动活动，所有互动的目的都是吸引用户的注意和参与，这些动作保证了整个直播活动的观看人数，这也是一场直播成功与否的第一个关键数据。

（2）销售植入巧妙。很多直播营销活动能够获得足够的观看参与人数就算成功，因为已经达到了传播目的，但这次直播的成功之处还在于同步了销售。我们可以发现，预热的 5 波互动中有两波是为销售专门做的促销，预售销量直接保障了这次直播活动成功与否的第二个关键数据。

（3）巧用大数据，快速洞察消费者喜好。通过这次直播，美宝莲纽约获取了从流量到销量的转化数据以及消费者的偏好，例如珊瑚红、樱花粉、橘色系是 3 个最受欢迎的色号，而以往化妆品公司想要收集顾客和会员数据需要通过线下化妆品柜台向上层层反馈。现在，美宝莲能够根据 10000 多个已售产品的色号选择以及消费者评价迅速对那些不太好卖的颜色做出反应，然后进行产品线的改进。

综合来说，这次直播营销策划周密、细节到位，是一次以直播为切入点的整合营销战役，既有营也有销，传播与销售两条线紧密交织，毫无违和感，代言人、新品发布和销售三者捆绑起来的打法也十分有创新性，大大缩短了消费者"认知 – 认同 – 购买"的过程。

3.2 直播+美食

案例 40：15 位网红接力互动直播，到店消费人数竟比平日高出 5 倍

时间：2016 年 6 月 15、16 日 19:00 ~ 21:00

平台：映客

账号：来伊份

核心人物：15 名网红

效果：48 小时内 6 城联动，近 60 万受众同步在线观看，到店消费人数高出平日的 5 倍不止，刷新了同期销售额的记录

案例过程：

来伊份通过微播易邀请了 15 位网红主播于映客直播平台在不同城市的线下门店进行网红直播互动。

6 月 15 日，在直播开始之前，来伊份抛出 #感恩狂欢日 ##618 品质狂欢节 #的主题，以全场 8.8 折优惠来引发关注，并将帅哥、美女主播包装成来伊份的网红店长，初步透露到店购买更有偶遇空降网红店长的惊喜。

（图片来源于来伊份）

紧接着，当天推出一组网红齐聚的海报，9 位网红于北京、上海、杭州、南京 4 大城市率先揭开"来伊份品质体验之夜网红大 PK"直播序幕，并推出网红主播的映客直播账号，来伊份以网红店长的嚎头向大家发出邀请观看直播，更有大礼赠送，引导大家持续关注。

直播正式开始，网红店长们身着来伊份员工服饰在门店进行直播，与线上的粉丝和线下的消费者打招呼互动，告知粉丝来伊份 8.8 折的优惠信息，线下门店抽奖免单／送小零食活动，并邀请线上附近的朋友到店购买。

案例解析：

（1）同一时间多城联动，同步铺面直播。6 月 15 日 19:00 ~ 21:00，9 名网红主播于北京、上海、杭州、南京 4 大城市的来伊份线下门店同步开启联动直播，第二天同一时间，6 名网红于上海、合肥、济南 3 大城市的来伊份线下门店再次进行直播。借助第一天的热度，第二天继续开播，活动持续升温。

（2）优惠活动引发消费冲动。通过抽奖免单、试吃、网红品尝刺激消费者的消费欲望，直接带来优异的销售战绩以及提升品牌知名度，这正是此次直播的成功之处。

案例 41：户外直播变美食直播，雪纳瑞与威海大叔的帝王蟹大 PK

时间：2016 年 4 月 24 日深夜

平台：斗鱼

账号：鬼豪户外

核心人物：威海大叔、雪纳瑞

效果：直播没多久就吸引了 20 万人围观，一个多小时的直播观众峰值达到 60 万人次

案例过程：

4 月 24 日深夜，雪纳瑞与威海大叔的帝王蟹大 PK，双方上演人气大战。威海大叔作为一名仅上播 3 个月的新主播，曾在 3 月 19 日晚上创下 52.6 万人围观的记录，而此次直播没过多久，观众人次就达到了 20 万人。

在直播过程中，因为两位主播的海鲜吃法及做法不同，引发众网友纷纷讨论，粉丝也自然分成了两派。从海鲜的制作过程、吃海鲜的手法及直播环境来看，雪纳瑞一家略胜一筹，但威海大叔逗趣的直播风格，配合搞怪的动作，也吸引了20 万人围观，各种即兴表演更是点燃了观众的热情。

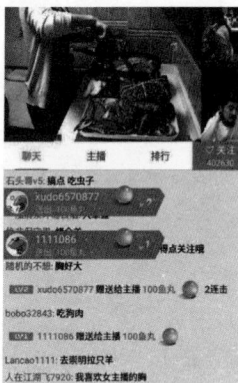

原本两位主播一直引领着斗鱼户外直播，如今随着网络平台监管机制的出台，不知不觉户外直播慢慢刮起了一股美食风。此次直播是雪纳瑞和威海大叔的首次 PK，帝王蟹成为餐桌上的主角，看来帝王蟹马上就要火起来。

案例解析：

（1）单打独斗不如抱团取暖。在新媒体时代，每一个主播都是自媒体，而保持新鲜度是直播的一大难题，内容单一无趣会导致粉丝观众的流失。而作为此次直播的主要人物雪纳瑞和威海大叔都有一定的粉丝基础，联合直播 PK 成功地吸引了观众眼球，引发"海鲜吃法"的争论也是此次直播的一大看点。

（2）大众生活主题是吃。这次直播互动最吸引人的画面就是吃，民以食为天，而海鲜是我们餐桌上的一大美食，各个地方不同的饮食习惯及风俗都能引起观众讨论。

案例 42：京东生鲜联手斗鱼直播玩转网红营销，订单量达去年同期的 6 倍

时间：2016 年 6 月 8 日 21:00

平台：斗鱼

账号：有你的京东生鲜

核心人物：京东生鲜、斗鱼直播红人

效果：超过 50 位主播参加，现场直播烹调波士顿龙虾，引发数百万人在线围观

案例过程：

6 月 3 日，京东生鲜率先在其官方微博"有你的京东生鲜"发起"618 免费吃龙虾"活动招募，紧接着斗鱼官方微博"斗鱼 TV 直播平台"也转发微博并鼓励平台主播达人参与。

入围主播们不仅可获得京东生鲜赠送的含波士顿大龙虾在内的精美生鲜礼盒，最终还有机会获得价值 500 到 3000 元不等的京东生鲜产品。活动招募时间为 6 月 3 日至 6 月 10 日，直播时间为 6 月 8 日至 6 月 10 日的 21:00 ～ 24:00。

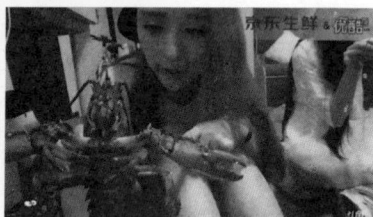

同时，6月18日为京东店庆日，6月6日为斗鱼直播文化节，在这个时期双方选择跨界合作可以最大程度地吸引双方平台的粉丝并增加粉丝黏性，为此斗鱼TV还专门设立了诸多活动与奖品。

从6月17日21:00起，京东生鲜联合斗鱼在北京一些地标地段上演"龙虾激战之夜"活动，斗鱼知名主播无尽等5大直播红人借助煎饼摊、烧烤店等接地气的场所现场直播龙虾的制作全过程，迅速引发了大量网友围观。

在整个直播期间，累计观看人数500万，其中单人最高同时在线观看人数超过20万。数据显示，在直播结束后的第一时间（6月18日0:00～9:00），京东生鲜自营产品的销量超过去年同期的10倍。

案例解析：

（1）造势充分。在活动开始前的造势阶段，京东生鲜和斗鱼就拿出高达万元的礼物作为奖品，并通过 CP 首页、移动端、APP 等多渠道进行宣传预热，征集各大主播及普通网友的参与。在"人人做网红"观念深入人心的今天，这无疑迎合了网红经济热潮，引起了网友的激烈讨论与围观参与，可以说是极大地利用了社交平台的天然优势。

（2）场景营销。波士顿大龙虾的典型消费场景并非在家中，而是在高端餐厅，但对于年轻用户来说，阻碍他们行动的可能并不是消费门槛，而是不会做！因此，网红主播在各种场景下制作龙虾，让营销主张融入生活场景，不仅起到了普及作用，还可以勾起人们的购买欲望，让消费者围观的同时打开钱包，不得不说是整个营销案例的画龙点睛之笔。

案例 43：林俊杰美食直播秀厨艺

时间：5 月 3 日

平台：熊猫 TV

账号：林俊杰

房间号：1307

核心人物：林俊杰

效果：在直播过程中，在线人数峰值一度达到了 40 万，直播画面被观众们的弹幕填满

案例过程：

5月3日晚，林俊杰和自己的好友一起在熊猫TV开启直播房间（房间号为1307），开启了网络直播。

（1）林俊杰现场制作三明治。林俊杰大展暖男风采，先是在直播中进行三明治的制作，并且在与好友的对答、搞怪过程中将自制的三文治吃光。

（2）林俊杰教大家刷牙。林俊杰还贴心地为观众们讲解应该如何健康刷牙，当场拿起假牙、牙刷，示范如何刷牙，宣传牙龈保健的重要性，还爆料自己曾在小学时拿过刷牙冠军。

休息了片刻之后，林俊杰还与粉丝们进行了亲密互动，给幸运观众打电话与他们亲密交流。

在直播过程中，在线人数峰值一度达到了40万，直播画面被观众们的弹幕填满。

案例分析：

（1）林俊杰自带强IP。林俊杰微博粉丝超过3100万人，粉丝贴吧超过100万人，有巨大的粉丝效应，近几年他陆续在各大真人秀节目中亮相，人气一直居高不下，正式签约熊猫TV成为明星主播，建立亲民、"接地气"的形象，这也是他重回人气王的另类手段。

（2）精准的受众群体。熊猫 TV 的观众多为 80 后，与林俊杰的粉丝群体较为重合。展示林俊杰的生活日常对粉丝来说是个巨大的福利，能够满足他们对明星生活的八卦心理。

3.3　直播+品牌传播

案例 44：乐视生态共享之夜网红直播带你看明星后台

时间：2016 年 4 月 13 日晚

平台：乐视视频、乐嗨直播、VR 直播、花椒等直播平台

账号：乐视视频、徐大宝等网红主播

核心人物：明星、网红、行业大佬（李宇春、华晨宇、张艺兴、李敏镐、柳传志、王小川、徐大宝等）

效果：4 月 14 日乐视生态总销售 23.2 亿元、会员总收入 20.2 亿元、超级电视总销量 54.9 万台、超级手机总销量超 58.2 万台

案例过程：

今年的 3 月 27 日贾跃亭在 IT 领袖峰会向李彦宏、马化腾、杨元庆等大佬发出邀请函。

从 4 月 1 日开始为"四月生态疯狂季"预热，乐视商城、乐视视频、乐视体育等乐视旗下 APP 开始摇一摇抽红包活动。

4 月 8 日开始倒计时，同时发起了为偶像打榜：评最具人气歌手的活动。期间不断推出朴海镇、李玟、李敏镐、李小璐、郭采洁、唐

嫣、李宇春、陈小春等人的宣传海报。

4月13日直播活动现场提前曝光；评选最佳明星情侣；发出800万元红包与4亿优惠券与粉丝互动；并在直播现场不断插入买三年超级会员送超级电视、手机和生态礼包；不断更新战报：一小时微博话题阅读量破两亿、两小时摇红包超过1200万次、三小时评论弹幕破百万、四小时直播累计观看人次超2800万。

4月13日19:00，红毯正式开始，网红主播率先出场，随后李玟、李宇春、黄致列、张艺兴、朴海镇、华晨宇等明星陆续上场，红毯全程直播，弹幕刷爆，互动效果极佳。

在晚会上，从各大角度和平台直播现场实况。颁奖典礼开始后，每15分钟摇红包，两小时累计人数超过1200万，3小时乐视视频评论＋弹幕破百万。同时开始为414硬件免费日预热，"免费"的噱头让明星粉丝成功转变为乐视"粉丝（会员）"，实际上就是"消费者"，将电视市场的关注点由硬件拉向内容和服务，随着摇红包热度上升，晚会关注人数上升。4月13日晚21:00 ~ 24:00共享生态之夜限时秒杀，4月14日当天14场超值秒杀活动，会员购买力强劲，成功导流至414销售业绩。

案例解析：

（1）预热充分。3月27日贾跃亭向李彦宏、马化腾、杨元庆等大佬发出邀请函，引发讨论；3月30日吹响"四月生态疯狂季"集结号，陆续发布娱乐圈、行业大佬、科技圈名单，吊足群众胃口，乐视视频官微从4月8日开始发布倒计时海报以及为爱豆打榜的互动，以当红明星为主角，吸引粉丝的关注和传播，为直播的成功奠定夯实的人数基础。

（2）全范围覆盖。集明星、企业、互联网人以及亿万用户共同参与的大趴。平台全，乐视视频、VR直播、乐嗨直播、斗鱼、熊猫、花椒、蘑菇街、Nice、映客、易直播等直播平台全方位覆盖；人群全，一边是互联网界大佬齐至，一边是李宇春、李玟、黄致列、华晨宇、宋茜、朴海镇等当红明星出席，受众覆盖范围广。

（3）话题新鲜。众多亮眼的网红穿梭直播，以不同的视角和解说带大家观看这场盛会，同时洞察粉丝的心态，以明星八卦为噱头，以更亲民的姿态传递最真实的现场，满足粉丝的好奇心和"窥探欲"。

（4）充分互动。除了直播弹幕互动以外，当晚会每隔15分钟进行摇红包活动，保证了极强的客户黏性。

案例45：华为P9跨界玩直播谈品牌植入

时间：2016年7月7日到7月13日

平台：花椒直播、映客直播

账号：XY-APP

核心人物：极限运动玩家廖锡荣

效果：超过18万（182397位）观众观看了直播，累计获得点赞140661（花椒）、获得映票11132张（映客）

案例过程：

从2016年7月7日到年7月13日，华为P9手机联合XY男士电商APP进行#怎么玩都型#主题的P9直播，邀请不同领域的达人在不同地点玩转冲浪、花式自行车、弹唱、攀岩、涂鸦等项目。

在#怎么玩都有型#的直播中采用了任务盒的形式，主播拿到任务盒打开，里面华为P9手机和任务卡告知接下来要完成的挑战。

在主播完成各项挑战的过程中，通过现场和主播拍照或者主播自拍、主播现场展示指纹解锁特色功能、快速对焦瞬间抓拍花式自行车等形式对产品进行了大量的露出。

在随后的互动过程中，粉丝对华为P9强劲的拍照效果和便捷的指纹拍照以及徕卡双摄像头等功能做了一番探讨，主播应粉丝的提问和需求还现场做了手机功能的演示。

在持续一周的直播中，通过在直播中植入 P9 手机，生动、直观地展示 P9 手机的功能，让观众在看直播的过程中加深对 P9 手机及其相关产品的了解，加强 P9 手机与时尚、有型的关联度。

案例解析：

（1）选个合适的主播与品牌调性的契合度非常高。选择极限运动玩家"廖锡荣"做主播，形象符合时尚气质，风格搞笑，在直播中适时来段幽默"还是要念广告，老板在看呢！"自然带出广告语"徕卡双镜头，摄影新潮流"。

（2）内容主题与品牌营销目标的一致性。XY APP 这次的内容主题是"极限运动""怎么玩都有型"是其营销主题，华为 P9 品牌植入徕卡双镜头帮你抓拍，留住精彩的每一瞬间，内容主题与品牌营销目标吻合。

（3）品牌植入的软硬度把握合适。硬广植入不仅不能给观众留下深刻的印象还会引起观众的反感，广告往往插播在精彩时刻，观众内心对硬广存在排斥心理。同时要求插播多少次也是存在一定的适合度，在直播中并不讲究多读广告，没有力度的广告等同于过眼云烟。

（4）确定用官方账号还是用个人账号。官方有品牌信息但没有粉丝沉淀有流量风险，个人账号粉丝基数好但没有品牌气息，组合使用又有流量分散的顾虑，因此会各有利弊，需要界定好。

案例 46：小米直播《男人装》极致性感"无码"放送，吸引近 90 万用户舔屏观看

时间：2016 年 6 月 24 日傍晚

平台：小米直播

账号：男人装

核心人物：同道大叔、阮经天、刘承俊、金池等三十余位大咖

效果：吸引近 90 万用户观看

案例过程：

作为内地市场第一本公开发行的纯男性杂志，《男人装》素有中国的《花花公子》之称，从 2004 年创刊至今，一直引领着内地的时尚潮流。

6 月 21 日，《男人装》官方微博正式发声预热周年庆，公布 # 向好奇心致敬 # 的主题，并携手东风本田共同打造此次盛典。

（图片来源于《男人装》官方微博）

6月22日，东风日产、小米直播都对参与此次活动进行了互动。

6月23日，明星发布微博表示参与盛典，粉丝团纷纷跟进传播。

6月24日18点左右，明星陆续到达现场，开始走红毯，直播平台上明星的粉丝人数逐渐增加。

6月24日19点开始，同道大叔、阮经天、刘承俊、金池等三十余位明星大咖登场亮相，通过小米直播舔屏明星红毯风采将会让粉丝过足眼瘾。

6月24日20点，主播和"黑科技"与现场观众零距离互动，点燃了现场粉丝的激情。

美女主播在报道期间还通过现场面对面采访环节与现场明星互动，拉近粉丝与明星之间的距离——粉丝们争相抛出犀利问题"拷问"偶像，让明星无从躲闪，互动环节粉丝的热情持续高涨。

案例解析：

（1）大咖云集，星光闪耀。和各种盛典一样，此次周年庆现场聚集了许多明星，包括同道大叔、阮经天、刘承俊、金池等三十余位大咖。在参加活动之前，明星们基本上都已通过微博提及本次活动，为活动进行预热。粉丝通过小米直播，即使不到现场也可以全程捕捉明星动态。

（2）小米"黑科技"无缝植入。此次《男人装》与小米直播合作，堪称时尚娱乐与科技的完美融合。现场除了明星大腕以外，镜头时不时切换到小米"无人机"等黑科技产品上。

案例 47：《茜你一顿饭》直播美食综艺

时间：2016 年 7 月 15 日起每周五、周六晚 8:00（共 30 期）

平台：优酷直播

账号：茜你一顿饭

核心人物：叶一茜

效果：《茜你一顿饭》在开播第一期时在线人数就超过了 50 万，第二期人数更是翻倍递增，直逼 110 万

案例过程：

《茜你一顿饭》是一档美食综艺直播节目，在第一期，叶一茜力邀"国民闺蜜"大左来助阵，节目中叶一茜现场制作大左心心念念的"卤

肉饭"。节目中，叶一茜还将自己家庭的生活趣事分享给粉丝，粉丝对明星的家庭生活趣事十分感兴趣。

（图片来源于网易娱乐）

送走"国民闺蜜"大左，节目还请来了"百变女神"瞿颖，两人在直播中干净利落地处理小龙虾。在节目接近尾声的时候，叶一茜和瞿颖及"扒蒜小弟"张哲浩现场"麻小啤酒对着干"，将豪爽的一面展现给粉丝。在直播中叶一茜也向网友多方面展现自己，引发网友评论：原来你是这样的叶一茜。

（图片来源于网易娱乐）

案例解析：

（1）巧妙的品牌植入。节目为赞助商做的品牌植入都在插科打诨中完成，既带有趣味性又带有话题性。

（2）构建具有归属感和认同感的场景，触发观众的购买心理。叶一茜与明星们置身观众熟悉的厨房聊天、吐槽、做美食，明星使用的厨房家电和柴米油盐一览无余，将明星的生活用品通过场景展现给观众，更易触发观众购买。

（3）话题性十足。在节目中穿插了许多充满话题性的东西，比如略"污"的话语，让网友不禁大呼：没想到你是这样的叶一茜；"扒蒜小弟"张哲瀚的女装打扮；强大明星阵容自带的话题等。

案例48：联手虎嗅大咖直播"老司机"，平安好车主APP 品牌战略再升级

时间： 7月8日"保险公众宣传日"

平台： 映客、花椒、小米直播

账号： 虎嗅网

核心人物： 无

效果： 万众好奇的虎嗅创夜公寓"老司机"专场在全国保险宣传日揭开"保险＋直播"模式的帷幕，吸引了超过20万的用户同时在线观看

视频链接：http://www.huajiao.com/l/20565149

案例过程：

2016年7月7日上午，中国平安官方微信发声，并制作了H5预告老司机玩直播事件。

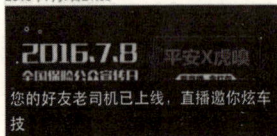

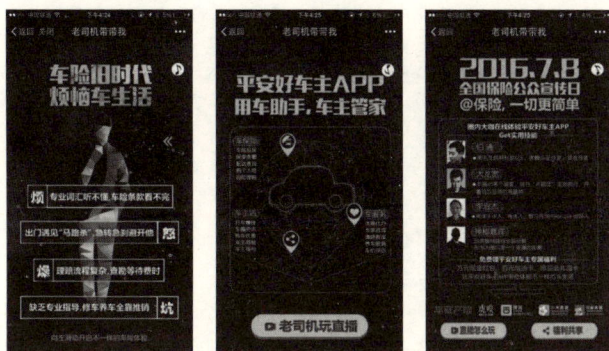

（H5来源于中国平安官方微博）

7月8日下午，中国平安、平安车险持续将"老司机带带我直播事件"在微博上发声。

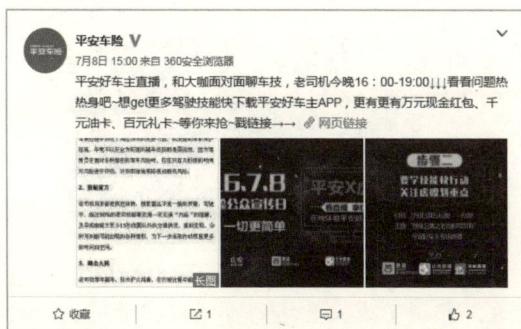

当天下午15:50正式开始直播，开场便发1000元红包发动粉丝分享直播链接、邀请更多用户参与活动。

16:00左右，直播"老司机带带我"趣味问答环节，主播、4位嘉宾和线上观众围绕车主生活中用车烦心、费钱的痛点畅所欲言，长达两个小时左右。主播不时给粉丝发放高额支付宝口令红包及平安加油卡，红包口令较为有趣且与直播主题相关，如"平安好车主发红包""正经老司机一点都不污"……

16:48，虎嗅官网发布文章《没想到你是这样的老司机！直播发车污污污》。

18:00 左右，开始了此次直播的重头戏"老司机场内挑战稳定开车，主播挑战任务（如化妆、拼图、写毛笔字）"，在路途中，主播与嘉宾聊"旅行遇见的事"等话题。

最后，每一位老司机挑战完成后发放支付宝口令红包及平安加油卡，红包口令也较为有趣，如"一言不和就飙车""来不及解释了快上车"……

19:20 左右，"老司机场内挑战稳定开车，主播挑战任务"活动环节结束，进入最后一轮"颁奖"环节。通过使用平安好车主 APP

中的开车赚钱功能查看 4 位老司机的驾驶行程、驾驶行为，对车主驾驶风险做出综合评估和打分，并为排名第一的老司机送出"价值 6000 元的平安加油卡"，最后以送出"2000 元支付宝口令红包"与"1000 元支付宝口令红包"结束此次活动。

7 月 9 日，中国平安、平安车生活发出此次活动的总结文章。

案例解析：

（1）预热充分。直播活动前，在官方微信、微博、虎嗅网、网易财经等平台以文章、H5、海报等内容预告此次活动，为活动造势。

（2）"老司机带带我"话题亮点。随着网络歌曲《老司机带带我》的走红，"老司机带带我"一度成为网络热词。

（3）直播中活动环节的趣味性。通过老司机挑战平稳开车，主播挑战车上化妆、写毛笔字、拼图、喊麦、唱歌等趣味游戏留住粉丝，保证直播过程不枯燥。

（4）重磅福利诱惑。在 4 个小时的直播中发放了大量即插即用的平安加油卡和巨额现金红包，最高价值 6000 元，引粉丝参与直播，并让粉丝进行自发性的传播从而形成第二次传播。

（5）创夜公寓调性与平安好车主相符合。"创夜公寓"是一档定期邀请各领域大咖聊商业话题的长期直播栏目，自身带有 5 万左右的粉丝数。

案例 49：七牛云发布云服务及 LIVE 生态计划，"兽王" FLY
倾情助阵

时间：2016 年 6 月 30 日下午

平台：七牛云官网

核心人物：七牛云 CEO、"兽王" FLY、知名电竞解说 BBC

效果：七牛云存储正式发布面向直播产品的一站式直播云服务和针对富媒体开发服务的"LIVE 生态计划"

案例过程：

6 月 30 日，七牛云存储正式对外公布了面向直播产品的一站式直播云服务和针对富媒体开发服务的"LIVE 生态计划"。七牛云推出专为直播打造的实时流网络，其自组织网络、智能调度、流式传输数据的特性可以更好地应对直播产品目前存在的高延迟、卡顿、画面不流畅等问题。

6 月 16 日，七牛在活动平台发起活动，为发布会造势。

6 月 23 日到 6 月 29 日，悬念预热开始，七牛官方微信、微博连续七天发布预热海报，提出一系列疑问，引发行业内反思。

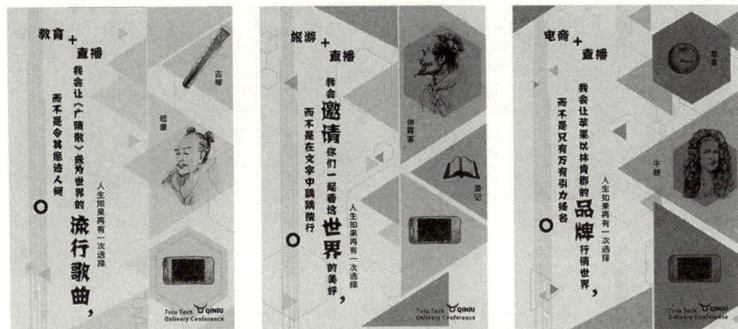

（海报来源于七牛官方微博）

6 月 24 日，从 PR 端进行发布会预热，广泛发布 30 日的七牛发布会相关消息。

6 月 30 日 13:30 ~ 14:00，知名电竞解说热身。

6 月 30 日 14:00 ~ 14:15，主持人开场致辞。

6 月 30 日 14:15 ~ 15:15，网络篇，七牛 CEO 许式伟、直播云产品负责人徐立上台为产品进行介绍。

6 月 30 日，15:20 ~ 16:00，主播说 "兽王" FLY、知名主播 BBC 上台对直播行业进行个人分析。

6 月 30 日 16:00 ~ 16:30，实战说。

6 月 30 日 16:30 ~ 17:10，场景篇。

6 月 30 日 17:10 ~ 17:30，生态篇。

6 月 30 日 17:30 ~ 18:00，电竞解说秀。

6 月 30 日晚，大批七牛 PR 文章开始刷屏，对直播进行二次传播。

案例解析：

（1）在直播过程中植入游戏等有吸引力的内容以及专业的大咖解说。

（2）本次直播更具有专业价值，在各直播平台的优化和服务上有很大的提升和改进。

3.4　直播+娱乐

案例50：贾乃亮携甜馨直播生活秀，破宋仲基直播记录引发近1200万网友观看

时间：2016年5月19日17:00开始近一小时直播

平台：一直播

账号：贾乃亮

核心人物：贾乃亮、甜馨（贾乃亮女儿）

直播链接：

（1）http://m.yizhibo.com/l/j4sGJcJxNT1tDs7V.html

（2）http://m.yizhibo.com/l/JcZX3b5qBStrVPok.html

效果：直播累计观看人数 1200 多万，获得点赞近 3000 万次，最高峰 332 万网友同时在线观看，打破了 5 月 13 日对话宋仲基时的直播纪录

案例过程：

5 月 19 日下午 17:00 贾乃亮在自己的家中直播，整场直播内容以聊音乐、聊生活和工作以及网友答疑互动为主，上半场，贾乃亮聊个人的生活和工作居多，包括最近的身体状况、生活状态以及接下来的工作计划，期间，为了呈现最好的直播状态，贾乃亮调光线时将家里的窗帘弄坏了，当即在镜头前对老婆李小璐认错……

在下半场，贾乃亮延续上半场的逗趣风格。放学回来的甜馨也加入了与贾乃亮的互动，聊在学校发生的趣事和王源等话题引发网友互动激情，其中网友最关心的话题——王源至少出现 3 次。贾乃亮不时邀请甜馨到镜头前感谢送礼物的网友，在直播结束前还对自己的直播进行了总结。

案例解析：

（1）关键人物甜馨的关注度高。"综艺一姐"甜馨因个人魅力圈粉无数，因参与某综艺节目金句频出引发大众追捧，微博话题热度持续不减，观众对她退出节目后的生活仍然关注。甜馨加入后累计观看人气值比上半场高出近一半（上半场累计 674.7 万、下半场累计 1246 万）。

（2）贾乃亮在直播中延续其鬼马逗趣的风格。与网友耍宝逗乐，大方地回答一众网友的提问，比如王源话题，真实地展现了乃爸与甜馨的日常，拉近了与粉丝之间的距离。

（3）互动话题满足用户好奇心。本次直播话题围绕贾乃亮的个人生活，从老婆李小璐到女儿甜馨，甚至聊及"家庭地位"，充分满足了网友对明星贾乃亮家族生活的好奇。

（4）成功的平台导流。直播前，在新浪微博、一直播的开机屏官方推荐导流，贾乃亮的个人微博和一直博官方微博提前预告直播时间及 ID 号，其中贾乃亮的个人微博（5131 万粉丝）发布 3 次，累计点赞 14 万人次，起到很好的导流效果。当然，这与贾乃亮入职一下科技担任 COO（首席创意官）并不遗余力为网友推荐一直播 APP 也有关。

案例 51："超女"归来会和直播擦出怎样的火花

时间：2016 年

平台：花椒、斗鱼

账号：花椒 "2016 超级女声，房间号 26388042"，斗鱼 "douyu 音乐，房间号 535858"

核心人物：超女

案例过程：

《2016 超级女声》主题曲邀请超级女声季军张含韵献唱，史上首位男代言人——吴亦凡、明星导师——The one 郑淳元悉数亮相。《2016 超级女声》于 2016 年第一季度到第三季度登录芒果 TV，同时将通过网络票选决定选手的去留。

本届超女在传统节目直播的基础上结合现在火热的互联网直播，官方将其定义为"慢直播 + 秀场直播 + 节目直播"。把整个活动拆解来看，超女选秀将为期 8 个月，在"偶像养成"阶段学院将受到系统的培训，芒果 TV 通过镜头将学员的培训过程呈现在网友面前；除此之外，学员们还将在每晚固定的时间进行秀场直播，粉丝可以进入学院个人直播间与学院进行互动，粉丝可选择不同机位观看自己喜爱的偶像，相比直播平台传统的秀场直播，这种类似"偶像厉兵秣马即将上战场"的养成感更易吸引粉丝的关注。

除了正式演出的直播以外，选手的日常生活也都展现在观众面前，舞台排练、化妆、吃饭甚至喜怒哀乐都曝光在观众面前，让观众知道了很多后台不为人知的秘密，还原了一个最真实的偶像，拉近了偶像与观众的距离。

案例解析：

（1）形式新颖是选秀节目的一次拓展。作为选秀界的超级IP，超级女声一出现本身就话题性十足，在传统直播的基础上加上生活直播，大大提升了节目的观感体验，此类选秀直播方式在国内尚属首例，持续时间之长在国内外也都算罕见，形式上的突破已经让本次直播活动亮点十足。

（2）策划巧妙，细节到位。本次直播设置了多达160个机位，如此大规模的镜头切换在事前一定经过了缜密的策划，同时也充分展现了芒果TV在此类活动中丰富的直播经验，在镜头的切换处理、细节上都做得很好。

（3）偶像透明化，增加观众黏性。通过这次直播，选秀变得公开、透明，选手形象塑造得更加立体，话题性互动性也更强。通过弹幕，粉丝之间可互动交流，为网友带来更真切的体验。

案例 52：湖南卫视《我是歌手》与映客达成战略合作，台
　　　　网联动国内综艺首次尝试直播《我是歌手》总
　　　　决赛

时间：2016 年 4 月 8 日晚

平台：映客 APP、芒果直播

芒果直播：李玟、李克勤、张信哲、容祖儿、老狼、黄致列、徐佳莹

映客 APP：李玟、张信哲、容祖儿、老狼、黄致列、徐佳莹、李克勤

核心人物：李玟、李克勤、张信哲、容祖儿、老狼、黄致列、徐佳莹

效果：映客用户累计活跃度总和超千万

案例过程：

映客和《我是歌手》达成战略合作，第一仗就是 4 月 8 日湖南卫视《我是歌手》的总决赛。

4 月 4 日，《我是歌手》官方微博发出通知，4月 8 日晚 20:10 联动芒果直播和映客 APP 两大实时直播媒体全方位直播总决赛的台前、幕后。决赛当晚，7 位歌手将化身人气主播，直面镜头与网友交流互动。

4 月 6 日，《我是歌手》的两位选手金志文和王晰在映客 APP 直播"我是歌手音乐教室"活动。

4 月 6 日，在总决赛赛前新闻发布会上容祖儿和徐佳莹通过映客 APP 与现场互动。

4 月 7 日，《我是歌手》映客 APP 官方账号直播总决赛彩排现场。

4月8日，当晚7位歌手在各自的房间直播并与网友进行互动，以实时的在线人数来决定第二轮竞演的优势出场顺序，实时数据为老狼73万、张信哲80万、李克勤76万、黄致列92万、徐佳莹76万、李玟77万。

案例解析：

（1）预热充分。从4月1日开始预热到4月8日直播，前期的活动及公告做足一周。通过@inke映客（438万粉丝）和@我是歌手（340万粉丝）两个官方微博账号从悬念到揭晓到彩排，目的都是吸引网友的注意和参与，这些预热动作保证了最后总决赛直播当天的过千万活跃度。

（2）直播提升粉丝参与感。直播加入后打破了现场观众与场外观众的藩篱，极大提升了互动性及观赏性，观众与歌手的互动达到顶峰。

（3）台网联动，强强联合。自《我是歌手》开播以来，开启了我国综艺真人秀的一个时代，而且一直占据时段收视率第一，微博话题及百度搜索度也是居高不下，节目和歌手自然成为超级IP。映客APP经过一年的积累已有庞大的用户群体，通过映客直播大大增加了《我是歌手》的观赏性以及娱乐性。

案例53：白岩松颠覆形象直播平台首秀，做客香蕉球畅谈欧洲杯

时间：2016年6月26日

平台：熊猫TV

账号：香蕉球直播法兰西

核心人物：段暄、白岩松

效果：最高同时观看人数13万

案例过程：

6月26日，由段暄主持的直播栏目《香蕉球直播法兰西》第17期开播，直播一开始，画面中出现了一个重量级嘉宾——央视著名主持人、资深评论员白岩松。

整期节目都在法国里尔的一间露天酒吧进行，白岩松用"听说上段暄的节目都要穿短裤"的梗开场，将轻松的气氛渲染开。

白岩松较为专业地对本次欧洲杯的情况以及局势进行分析。首先是"世界波拯救欧洲杯"，这届欧洲杯进球太少，但是进球的质量还不错；其次是"欧足联确实下基层，而且照顾弱势群体"。

接着是各位嘉宾对本届欧洲杯的观点、看法，包括欧洲杯扩军的问题、上下半区分区问题、比赛预测等。

在此次直播中，网友的参与、互动热情十分高涨，在最后一段抽网友送礼物的环节，屏幕几乎被弹幕霸占。

案例解析：

（1）核心人物知名度高。段暄本来就是中央电视台的前专业足球解说员，其多年的解说以及评论员经验让节目的专业性有了保证；风趣幽默的主持风格本身就为其积累了相当数量的粉丝，其个人的主持风格又让节目的趣味性相当高。

（2）契合网民的窥探心理。观众习惯了白岩松在央视针砭时弊的权威专业形象，对其褪去央视外衣和光环下的真实状态非常好奇。在直播中穿插的问题涉及白岩松的一些私人问题，白岩松也做出了正面的、幽默的回答，赢得了在线网友的好评。

（3）专业观点与娱乐调侃无缝连接。开场就为整场直播奠定了娱乐的基调，但是专业记者和评论员的专业观点又保障了节目的专业性。整场直播对于欧洲杯的专业讨论和娱乐调侃无缝对接，既保证了直播受众乐在其中，又为网友提供了高质量的观点和分析。

案例 54：喜天影视直播张天爱代言哈根达斯发布会活动，超 150 万人观看

时间：2016 年 5 月 25 日上午 8:30

平台：一直播

核心人物：张天爱

账号：喜天影视

直播链接：http://m.yizhibo.com/l/B6GNLUqQ6WlyIH3p.html

效果：一小时直播超 150 万人观看，点赞高达 300 多万

案例过程：

2016 年 5 月 25 日，哈根达斯 2016 年夏季新品冰淇淋发布会在横店拉开帷幕。由侣皓吉吉执导、喜天影视旗下艺人张天爱主演的哈根达斯新品广告片全球首映，引爆现场气氛。喜天影视携手一直播为网友全程直播发布会，不到一小时的直播有超过 150 万观众观看，点赞高达 300 多万。

2015 年 5 月 24 日，喜天影视通过微博做出了旗下签约艺人张天爱将于第二天参加哈根达斯新品发布会的直播预告，吸引粉丝们对此次直播的关注和传播。

2016 年 5 月 25 日上午 8:30，通过《太子妃》大火的张天爱现身横店发布会现场，为 2016 年夏季哈根达斯的新品冰淇淋做宣传，张天爱的助手通过一直播平台的喜天影视账号直播了张天爱参加发布会的全过程。

直播一开始就有十几万观众一起涌进来，张天爱出现在直播镜头跟大家打招呼，屏幕前的网友热情满满地刷评论、点赞。

在发布会开始前，助手一路解读张天爱的行程，与粉丝进行互动，回复粉丝的问题，期间介绍了活动场地和活动内容，品牌得到有效曝光，满足了网友们的猎奇心理。

在发布会过程中，喜天影视直播了张天爱参加活动的全过程，首先哈根达斯品牌总监褚怡敏为大家详细介绍了这款新品，接下来由侣皓吉吉执导、张天爱主演的哈根达斯新品广告片全球首映，引爆现场气氛。张天爱还在发布会上试吃了哈根达斯的新品，号召网友们通过网络平台参与互动，分享自己的静静一刻，呼应了本次广告片的主题。

本次直播为未能到场且又特别喜欢张天爱的真爱粉带去了与她可以面对面视频的机会，拉近了明星与粉丝的距离，并成功地宣传了活动全程。整个直播获得网友们的热情支持，不到一小时的直播有超过 150 万观众观看，点赞高达 300 多万。

在直播结束之后，今日头条、搜狐网、凤凰资讯、一直播等平台对本次直播做了解读宣传，使品牌和明星的影响力持续发酵。

案例解析：

（1）明星 IP。目前各大直播平台都在积极邀请明星入驻，很多深受网友喜欢的直播主播更是成为月收入过 10 万的网红。明星效应本身更像一种超级 IP。在一切从粉丝与流量出发的时代，一线明星资源可谓粉丝经济的直接引爆点。

（2）喜天影视业务拓展。喜天影视作为目前国内艺人体量最大的明星经纪公司也在考虑拓展网红经纪业务，在未来加强与各直播平台之间的合作，进一步挖掘各种创新的艺人经纪形式与粉丝经济间愈加强大的化学反应。

（3）三方获利。本次直播无论是经纪公司还是直播平台、明星本人、品牌方都获得了成功的宣传和曝光。

案例 55：明星空间直播李易峰广州见面会，狂热粉丝关注数暴涨

时间：2016 年 7 月 2 日下午

平台：明星空间

账号：李易峰

核心人物：李易峰

效果：50 分钟左右的直播有 26 万粉丝观看，直播结束后李易峰在明星空间的粉丝关注数翻倍

案例过程：

7 月 2 日下午直播开始，李易峰开始玩"再来一瓶"互动，粉丝在一分钟之内从箱子中找到最多的康师傅瓶盖就送签名抱枕，其余参与粉丝送签名海报，接着李易峰在大屏幕选取粉丝送自行车和通过选号码选出 5 位观众送亲笔签名。

有李易峰《青云志》剧照的定制版康师傅柚子绿茶亮相，李易峰顺带宣传自己的新剧，接着进行"诛仙 cosplay"，6 名粉丝上台互动，参照屏幕的古装造型帮对方装扮，由李易峰评出最佳造型者，然后继续号码抽奖环节。

视频播出粉丝对李易峰说的话，李易峰亮出康师傅海报拼图，并与中奖的粉丝合影，最后与全场粉丝自拍大合照。

（图片来源于明星空间）

案例解析：

（1）李易峰超高人气吸引关注。李易峰凭借自己的超高颜值获得非常多粉丝的关注。

（2）节奏紧凑，高潮迭起。通过抓康师傅"再来一瓶"的瓶盖送李易峰亲笔签名将活动推向高潮，在现场挑选幸运粉丝送自行车让这次见面会的热度再次发酵，《诛仙青云志》的预告片首播让现场的互动再一次推向高潮，而让粉丝玩起了 cosplay，cos《诛仙》的女主角，将整场活动趣味升级。

（3）媒体的造势很重要。在活动开始前，就有送票的活动，吸引粉丝关注。活动选址选择的是露天公共场所，导致围观群众达到两万多，使得这场发布会演变成社会新闻，持续发酵。

案例 56：追着爱豆看直播——花椒直播宋仲基台北见面会浅析

时间：2016 年 6 月 25 日晚上

平台：花椒

账号：宋仲基见面会台湾站 2016

核心人物：宋仲基

效果：直播时长约 3.5 小时，吸引 290.5 万人次观看

案例过程：

6 月 23 日，正值台湾站粉丝会倒计时，花

椒平台上一位长相酷似宋仲基的"宋小基"空少明鹏提前为各位"宋太太"们来了一场互动直播，身着"柳时镇"同款军装、治愈系微笑、演唱主题曲《Always》，快速吸粉7万，为见面会的到来上演了一场完美的热身秀。

见面会当晚，主持人曾宝仪简单介绍后宋仲基帅气登场，用流利的中文问候粉丝。首个互动环节"YES or NO"，主持人曾宝仪提问各种有关宋仲基的个人问题，如"对自己的身材外貌是否有信心""是否有洁癖"等，宋仲基均大方作答，各种私密爆料引发现场粉丝阵阵尖叫。随后宋仲基抽取5名幸运粉丝同台互动，回顾模仿《太阳的后裔》双宋CP经典桥段，各种亲密动作使现场高潮迭起。

在后半场的见面会中，此前悬念重重的神秘嘉宾终于揭晓——韩国歌手Gummy，也就是《太阳的后裔》主题曲《You Are My Everything》的演唱者，带领粉丝重温这首浪漫曲目。压轴节目——用中文演唱《小幸运》，标准的普通话再次收割了全场粉丝的少女心。

整场见面会由花椒独家直播，并在整个直播过程中抽取发送弹幕"我爱宋仲基"的幸运粉丝，送出上百张宋仲基亲笔签名照，这对于未能亲临现场参与互动的粉丝而言无疑是重磅诱惑，隔天相关活动花絮在花椒平台播出。

案例解析：

（1）提前预热引爆关注。在竞争平台"一直播"狂揽 7 场宋仲基粉丝见面会直播权后的高压下，花椒采用宋仲基撞脸小鲜肉——明鹏的直播秀，并制造见面会同台的噱头，吸引大批粉丝围观，将花椒直播宋仲基台北见面会的消息声量最大化。

（2）明星 IP 成为直播平台争夺的核心资源。在国内，对于炙热疯狂的粉丝文化带来的各种强大的经济效益，所有商家早已有目共睹并渴望从中分得一杯羹。

案例 57：5 月 27 日宋仲基广州见面会直播

时间：2016 年 5 月 27 日晚上 19:30

平台：一直播

账号：2016 宋仲基粉丝见面会

核心人物：宋仲基

效果：直播带来超 55 万人次同时观看

案例过程：

在 5 月 13 日的一直播产品发布会上，一直播高调宣布冠名宋仲基亚洲巡回粉丝见面会，并在移动端提供全程直播。这也是宋仲基第一次接触手机直播，他多次摆弄正在直播的手机，耐心地与屏幕另一边的粉丝热情互动。一直播平台上累计 1100 万人次观看，最高时共有 55 万人次同时观看，点赞数高达 2900 万。

5 月 21 日，一直播官方微博发布了转发活动微博送广州见面会门票的消息，并附带其他地区见面会直播回放视频，抽奖微博转发量高达 4519 次，粉丝参与积极性高。从 24 日起连续几日公布获奖名单，并联合百度手机助手等官微大号一起进行活动福利的发放。

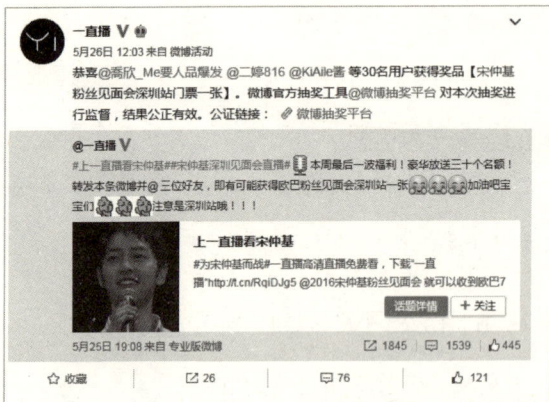

5 月 27 日，官微大号一早就开始曝光宋仲基抵达广州机场的照片，并连续曝光将于一直播进行广州见面会直播的消息。在直播活动中，宋仲基于赶往会场途中就开始直播互动，虽然见面会由于粉丝进场原因推迟至 7:50 开场，但粉丝仍然热情不减。

案例解析：

（1）明星知名度高，自带吸粉光环。这次直播的明星是因热播剧《太阳的后裔》而走红的宋仲基，他俘获了无数粉丝的心，更获封"新一代国民老公"，具有超高人气。

（2）直播频率高，时刻与粉丝进行互动。从北京、武汉到广州、深圳乃至上海，宋仲基共在一直播上进行了 24 次直播，见面会播、休息室播、车上播、在机场登机也要播，无论何时何地，只要一有时间，宋仲基就拿出手机通过一直播与网友互动。

（3）多个媒体联通，组成矩阵式传播。一直播母公司打通微博、一直播、秒拍、小咖秀等产品的关联：用户在一直播的直播会自动同步到自己的微博主页，用户也可以直接在微博内观看直播，秒拍和小咖秀也为直播进行导流。同时结合 @2016 宋仲基粉丝见面会等大号于互联网的不同平台进行宣传。

案例 58：《Hello! 女神》直播互动打造国民女神，玩出新花样

时间：2016 年 7 月 16 日～ 17 日（成都站）

平台：熊猫 TV

账号：Hello 女神甄选

核心人物：王思聪、大左、袁成杰、齐思钧、大表姐、参赛女神选手

效果：《Hello！女神》成都站两天的直播累计获 2917 万人次观看，最高 450 万人同时在线，获得 2942 万弹幕总量，弹幕峰值达到 3820 条 / 秒

案例过程：

7 月 15 日，王思聪邀请"国民女神"参加《Hello！女神》成都甄选赛的消息引得搜狐、腾讯等多家媒体纷纷报道。

7 月 15 日，《Hello！女神》官方微博、微信发布成都站的女神甄选预告。

7 月 16 日 13 点直播开始，主持人袁成杰、齐思钧开场带动气氛。画面上出现一个露天泳池，池边立着中二病、女王范、二次元等展示女神不同特点的字牌。

素人选手上台，从诸多字牌中选择适合自己的类型，站在字牌旁边开始表演唱歌、跳舞或吹箫等才艺。表演结束，主持人和选手互动，展示选手的更多个性。中间还穿插选手与他人的互动，如某选手和摄像师喝交杯酒。

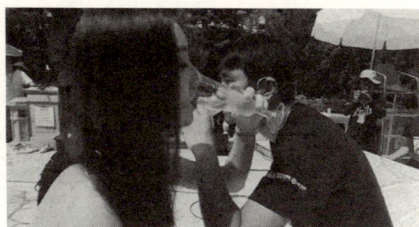

王思聪选择部分选手进入"Boss面对面"环节，与参赛选手进行面对面交流，给予女孩们评价和建议。

在现场还有不少游戏环节，如"保护女神大作战""星球大战"等。

（图片来自视频截图、Hello女神2016官方微信）

案例解析：

（1）话题人物＋美女，核心人物知名度高，与美女结合传播性广。这次直播的核心人物是王思聪，其兼具富二代、"国民老公"、微博KOL等多重身份，人物本身具有一定的话题性和传播性。王思聪与众多网红的绯闻一直是大众感兴趣的娱乐八卦点，此次主导"女神养成类"节目为大众提供了更多娱乐话题。

（2）互动直播＋粉丝主导＋科技手段，开启直播互动新玩法。参赛选手直播表演才艺，粉丝不仅可以线上发送弹幕实时评论，还能使用"求助""炸弹""抓牌"等道具帮助选手或给选手投票，表演结束后实时公布投票结果。

（3）内容优化＋形式创新，节目质量有保证。相比于其他直播的单调，此次直播具备综艺感和娱乐性。整个直播过程由表演＋互动＋抽奖＋游戏等组成，内容丰富，让网友有强烈的代入感。同时，机票等奖品的刺激点燃网友参与互动的热情。

（4）好地点＋趣味游戏，节目爆点多。地点选在成都主城区的顶级豪宅，现场的雀神争霸和水上游戏集合中国国粹、美女、夏日戏水等元素，吸引用户观看。

案例 59：李晨 nic 潘玮柏直播成都签售会，引百万粉丝在线观看

时间：2016 年 7 月 17 日下午

平台：花椒直播

账号：李晨 nic

核心人物：李晨 nic、潘玮柏

效果：一个小时的直播带来 150 万人次的观看，最高同时观看人数超过 123 万

案例过程：

7 月 17 日下午，李晨 nic 和搭档潘玮柏为自营潮牌 NPC 成都店开业周年举办庆生签售会，花椒进行了全程直播。

在签售开始前，李晨 nic 和潘玮柏便提前现身

直播平台，让在线观众直击现场，并拿出 NPC 贴心礼物，为线上互动粉丝送出大礼，诚意满满。

两位主角除了分享时尚穿搭心得以外，还讲述衣服背后的故事，李晨 nic 甚至"脑洞大开"，直呼入乡随俗，要在成都开设自营甜品店 NPCCAFE 并迎合成都喜好，拟推出老干妈冰淇淋和辣花生奶昔产品。对于"是谁抢走了潘玮柏的麦克风？""为什么把成都的限定 T恤颜色定义为绿色？"这些神奇的问题，两位主理人机智对答，满足了大家的好奇心。

在签售会直播峰值时引近 123 万粉丝在线围观。

案例解析：

（1）核心人物粉丝基数大。这次直播的核心人物李晨 nic 和潘玮柏，一个是玩转综艺，活跃于各大颁奖礼的潮流主持，一个是能唱会演又在真人秀里深受好评的全能艺人，都拥有大量的粉丝。

（2）互动环节设计得较好。直播中的互动环节设计得较好，两位核心人物放下明星光环，提前到场，并幽默、机智地调动粉丝参与互动和提问，同时在签售过程中送出大量的专属礼品，充分地调动围观粉丝的积极性。

（3）引入相关热门明星的话题爆料。在直播过程中还引入了热门明星薛之谦的话题进行炒作，借助时下热门明星吸引粉丝互动。

3.5　直播+3C

案例 60：小米无人机纯直播发布会，超千万人观看

时间：2016 年 5 月 25 日晚 19 点

平台：

（1）官方直播：小米直播、小米网、小米微博、小米论坛、MIUI 论坛、小米电视等小米旗下全平台

（2）网络直播：爱奇艺、bilibili、CIBN、第一财经、斗鱼、凤凰科技、虎牙直播、京东、龙珠直播、熊猫 TV、天猫、一直播、YY、优酷、战旗 TV、Knews

账号：雷军

核心人物：小米公司董事长兼 CEO 雷军

效果：时长 3 个小时的发布会仅通过小米直播观看的人数便超过 100 万，发布会的观看总人数达到 1092 万

案例过程：

官方预热提前爆料：久等了，小米将直播发布无人机新品。

5 月 19 日晚，小米公司的官方微博发布了一张手持竹蜻蜓的宣传海报，并附文案"久等了"。小米公司也通过旗下多个官方微博开始了无人机新品的预热，众多员工进行了新品宣传海报的广泛转发。

5 月 20 日上午，小米公司官方微博再次发博表示 5 月 25 日 19:00 将举办"小米无人机纯直播发布会"，与此同时小米无人机的外观也首次曝光。

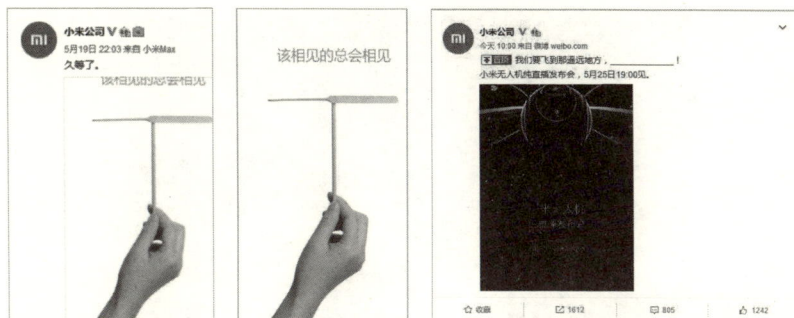

该见的总会相见：5.25 小米史上第一次直播发布会开始。

发布会直播开始，暖场主播小米无人机团队 @ 疯狂的杨林先为粉丝进行直播讲解，他分享了一段小米无人机在雅丹国家地质公园拍摄的视频。

小米无人机大风拍摄片段展示

雷军到达直播间开始直播，他一边讲解与展示小米无人机新品，一边卖萌调侃各路网友，使劲地向他们索要鲜花、游艇和跑车等，他还号召小米高管给他的直播刷车队，还向送花的网友行军礼表示感谢……作为整场发布会的主播，雷军从小米直播收获超过 300 万星票，刷新了小米直播的纪录。

雷军直播尽显网红范：坦率、亲和，频频与粉丝卖萌互动。

案例解析:

(1)直播巧妙地把品牌、产品、营销、用户与社区串联起来。小米举办的史上第一次在线新品发布会巧妙地借助直播风口实现产品的营销,机智地把品牌、产品、营销、用户和社区串联起来,仅3个小时的发布会观看总人数达到1092万。此外,产品直播营销也产生相应的"连锁效应"。在5月26日,小米无人机1080P版通过小米智能家庭APP众筹2分10秒成功,4个小时达到众筹上限3000台,成交额近750万。

(2)小米"第一网红"雷军主播趣味互动、幽默的直播手段引发大量网友互动与关注。作为小米CEO、互联网的大佬之一雷军也顺应直播热潮,化身逗趣网红主持整场新品发布会。在细心地讲解新品之余,雷军不断地调动观众情绪,以轻松、幽默、逗比的直播手段让不少受众"路转粉",大大增强了消费者对新品无人机的购买欲。直播的互动性、趣味性结合产品的性能巧妙推广,加上雷军作为小米品牌"第一网红"及CEO的影响力,让这场新品发布会产生了极大的反响与极好的网络口碑。

案例 61：国内首档旅行直播真人秀，五一收视量超过 300 万

时间：2016 年五一小长假

平台：360 直播小水滴（智能摄像机）

账号：水滴直播

核心人物：美女主播

效果：超 300 百万人次观看

案例过程：

3 位美女主播分别到丽江、成都、三亚 3 个不同的城市，同时展开美景美食直播。

美女主播童童带着轻巧灵动的"360 小水滴"，直播成都大街小巷的美食，喝茶看川剧变脸，走累了到酒吧里小酌一杯，去大熊猫养殖基地看国宝，把成都的"悠闲""乐观""繁华"和"洒脱"都一一展现在观众眼前。

美女主播芋含在直播带领观众领略丽江美景的同时还与 360 摄像头一起见证了一场浪漫的求婚。主播会使用小水滴的"录像功能"拍一些短视频，通过分享功能上传到微博、微信等社交平台与网友互动。不仅如此，网友还可以通过"360 智能摄像机"客户端的"发现"模块不受时间、

空间限制身临其境地体会"玉龙雪山"那种圣洁之美。

美女主播球球不仅在直播期间为观众展现了三亚的阳光、海滩、美女，还介绍了当地的特色水果、海鲜美食，让观众大饱眼福。

截至 5 月 3 日，观看直播的网友已经超过 300 万，创下了历史记录。

案例解析：

（1）网红 + 品牌的模式不仅营销成本低，而且影响力度十分大。一方面网红拥有一定的粉丝基础，另一方面互联网的传播力度广，网红 + 品牌的跨界营销将成为今年的大热。

（2）用网红的视角带领游客参观旅游，一方面满足了用户对于网红日常生活的了解，一方面给真正想了解旅游咨询的用户提供一个信息获取的途径。

（3）在观看直播的同时与主播互动，为主播的行程出谋划策，增加观众参与度，360 小水滴突破了传统直播的界限。

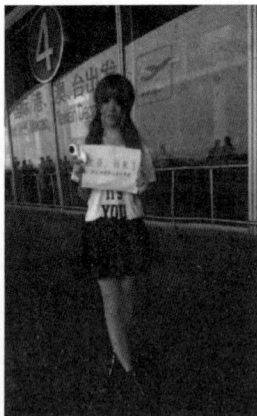

案例 62：花椒直播圆漾新品发布，创始人高圆圆卖力宣传

时间：2016 年 7 月 10 日

平台：花椒

账号：圆漾

核心人物：高圆圆

效果：直播内容观看人次达 140 万，点赞数超过 20 万

案例过程：

"国民女神"高圆圆早在 2014 年便联合达芙妮推出自创鞋履品牌圆漾 Ondul，并亲自参与鞋包设计，国际一线品牌 Chloé 亦推出由高圆圆亲自操刀设计的 It bag——小猪包，广受追捧。

在直播前一天，花椒"圆漾"账号上发布了数张高圆圆的写真照片，无不是穿着或手提圆漾的产品，同时放上圆漾二维码图片，为直播活动造势。

2016 年 7 月 10 日，滴滴出行的产品线之一——滴滴公交与圆漾 Ondul 跨界联合进行了极具创意的品牌升级发布。滴滴公交为高圆圆的鞋履品牌"圆漾"打造了一辆"移动鞋店"，命名为"圆漾 710"，高圆圆乘坐这辆"圆漾 710"从北京三里屯出发到 751D·park 火车头广场和粉丝见面，并在移动鞋店上进行了直播秀。

高圆圆还邀来好友大左为自己助阵。高圆圆坦言自己最近一直在旅行，同时也在为圆漾的品牌活动做准备，还不忘向粉丝推荐自己的品牌"圆漾"，当粉丝们为高圆圆"豪掷"礼物时，高圆圆笑称"其实大家可以用这些钱去买圆漾的鞋"。

案例解析：

（1）直播活动与名下品牌相结合。高圆圆的初次直播在花椒上使用"圆漾"账号进行，不仅为自己积累了人气，同时也为"圆漾"品牌账号在花椒平台上积累了大量粉丝，有助于往后的相关直播。

（2）与滴滴公交达成跨界合作。圆漾与滴滴公交是线下线上不同领域的创业企业，但通过"移动鞋店圆漾710"的方式把两个完全不同的品牌结合在一起，形成跨界合作，消费者可以通过意想不到的线上方式让国民女神来到身边，并且还有机会通过线上渠道直接参与圆漾2016年秋冬新品发布会，这种"一站式"的品牌理念与滴滴出行正好契合。

（3）高圆圆邀来好友大左助阵，在直播中大左与高圆圆频繁互动，"男神女神"的组合更能吸引粉丝的关注。在直播过程中通过高圆圆和大左之间的互动将品牌和产品信息露出，并通过车上的移动电视播放圆漾的宣传视频，同时结合自己的设计理念和生活避免粉丝对单纯推销产品的行为产生反感。

案例 63：斗鱼直播联手荣耀畅玩 5C，人机耐力大 PK，"无机"状态下的众生相吸引围观

时间：2016 年 6 月 6 日～6 月 28 日

平台：斗鱼直播

账号：斗鱼房间 658031

核心人物：若汐、狗哥、大湿兄、咆哮姐、雅琴和胡溢伦等各路网红

效果：直播时长约 21 天 17 小时，吸引了 4700 万人次观看

案例过程：

今年 6 月 6 日下午 16:18，由荣耀畅玩 5C 和斗鱼直播联手推出了科技界的首场"真人挑战"直播，在此次直播"真人秀"中上演了人机耐力大 PK。

对于本次直播，挑战者要在完全脱离手机的情况下进行日常生活看能坚持多久，这是一次手机诱惑力与自身耐力、自制力的 PK。

在本次直播过程中，一部插入 SIM 卡处于待机状态的荣耀畅玩 5C 将与挑战者一起 PK，挑战极限。同时，挑战者每隔一小时会点亮荣耀

畅玩 5C 屏幕, 保证手机正常运行, 而且在活动期间的每一次 "荣耀持久时刻" 都将送出一部荣耀畅玩 5C 手机。

直播间开放首日迎来有 "小范冰冰" 之称的美女主播若汐参与挑战, 她在展示劈叉、拱桥、画画等各项才艺的同时还为高考考生送上祝福, 但最终以 22 小时 25 分钟的挑战成绩退出比赛。

在长达 21 天 17 小时的直播期间先后有 18 位挑战者进入直播间, 忍耐时间最长的挑战者的坚持时间为 93 小时, 而最短者仅为 4 小时。

这 18 位选手在镜头前真实地流露出没有手机的空虚、无奈、焦躁等情绪。

直播还设有第二现场, 第二现场的主播对进第一直播现场的挑战者进行了犀利的点评, 在点评之余还与网友进行互动, 引来众多网友围观。该直播间首日同时观看人数峰值破 10 万, 最高同时在线观看人数达 22 万, 疯狂刷屏弹幕数达 2.8 亿, 令人惊叹。

"长续航神器 荣耀畅玩5C" 弹幕霸屏

案例解析：

（1）用户基数较多。这次直播是荣耀联手斗鱼打造的科技圈首档真人直播真人秀，斗鱼平台的浏览量在国内视频类网站中排名前十。此次直播的挑战者不止有斗鱼主播，还有通过荣耀官方贴吧、荣耀官方 QQ 兴趣部落以及花粉俱乐部招募的花粉，具有一定的影响力。

（2）具有对比的 PK 性质。"人机耐力大 PK"的主题会引起人们的好奇与关注，手机对于当下人的生活来说是不可或缺的，低头族越来越多，人与手机的关系密不可分，人机 PK 的话题为这次直播聚集了一定人气。

（3）互动性强，更有趣味。相比唱歌、跳舞与嘉宾聊家常的直播节目，此次直播全方位展现挑战者在脱离手机完全与外界无法沟通的情况下的最真实表现。此外第二现场主播对直播内容进行了创造性的解读，让观众深度参与形成讨论和互动。

（4）品牌产品露出。本次挑战全程用荣耀手机进行直播，直播过程长。用户可通过直播了解到荣耀手机的超长待机的性能，在直播中巧妙地完成了产品品牌的露出。

案例 64：百万人围观苏宁易购红人直播间，观众可坐满20 个南京奥体

时间：2016 年 6 月 1 日

平台：斗鱼

账号：红人网购直播间

核心人物：网红冯提莫

效果：直播带来超百万人次的观看，当晚 1 小时内联想 ZUK Z2 手机的预约量突破 10 万台

案例过程：

5 月 31 日和 6 月 1 日，斗鱼美女主播冯提莫和苏宁易购在微博发出直播预告，为活动造势。

6 月 1 日 20:00，美女主播冯提莫在斗鱼平台的红人网购直播间准时直播，直播期间联想 ZUK Z2 手机频频入镜。

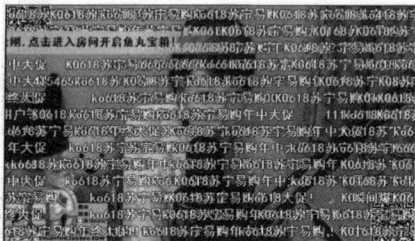

在直播期间，"KO 618 苏宁易购"主题弹幕霸屏，只要一打开弹幕，就可以看到围观观众的屏幕被广告强势植入。

截至直播结束，苏宁易购红人直播间当日的观看人数累计超 100 万人次，相当于坐满 20 个南京奥体中心的观众。在直播期间苏宁易购的页面流量同比增长 280%，直播互动数达 30 万条，平均每秒产生 83 条的弹幕留言。在当晚 1 小时的直播时间内，联想 ZUK Z2 手机的预约量突破 10 万台。

案例解析：

（1）当各路电商还在互撕或者用之前的老方法打响促销时，苏宁

易购另辟蹊径，在 618 前夕开红人网购直播间，成功地抢占了 618 的先机。

（2）跨界合作。苏宁易购这次开通红人网购直播间并不是一时的，而是会成为长期的战略，把直播红人 + 电商模式玩透彻，充分发挥直播的互动性，通过网红与粉丝的互动带来流量，以社交而不是传统促销的方式实现销售。

3.6　直播+慈善公益

案例 65："直播 + 公益 + 营销"，直播玩出新花样

时间：2016 年 5 月 18 日上午 10:00

平台：斗鱼 TV

账号：525 房间

核心人物：汪东城、Fitbit 创始人 James Park

效果：当天斗鱼直播间同时在线人数高达 10 万

案例过程：

5 月 18 日是阿里巴巴与天猫电器城战略合作启动的日子，在启动活动上还推出了 Fitbit 最新的两款健身产

（图片来源于@FitbitChina 中国）

品——Fitbit blaze 智能健身手表和 Fitbit alta 智能健身手环。

5 月 12 日，"@fitbitChina 中国"首先开始微博预热，告诉网友汪东城担任 Fitbit 5 月 18 日超级品牌日活动形象大使。

5 月 13 日，"@fitbitChina 中国"发博表示，fitbit blaze 新款预购开始，享限时赠礼，并添加 Ofitbit 旗舰店网址，开始导流。

5 月 14 日，天猫电器城微博页面发起有奖转发。

5 月 16 日，518 活动悬念预热开始。汪东城发微博：5 月 18 日上天貓買 Fitbit blaze，跟我一起型動，還有我的簽名手環一元起拍。@fitbitChina 中国、@ 天猫电器城同步转发。

5 月 18 日上午 10 点，天猫电器城、Fitbit 品牌以及阿里公益联合举行以"戴动中国，型动中国""China is getting fit"为主题的健康公益项目，斗鱼 Tv 直播全程。

在当天的启动仪式上，Fitbit 创始人 James Park 亲临现场并带来了 Fitbit 超级品牌代言人——健身明星汪东城，引起台下粉丝疯狂尖叫。

汪东城与众位健身教练带领现场 700 名阿里员工一同进行平板撑公益活动，现场的每一位参与者只要平板撑超过两分钟 Fitbit 就会捐出 200 元公益慈善款。

这次直播的主持人由斗鱼直播的知名美女主播狐狸担任，她将粉丝向汪东城提出的问题截屏，及时让汪东城回答，被抽中问题的粉丝会获得斗鱼直播送出的精美礼品一份，引来了众多网友围观。

活动结束后，狐狸还将在阿里小二的引领下带着斗鱼的观众粉丝们参观阿里园区，让斗鱼的粉丝们了解阿里巴巴的企业文化和精神风貌。

活动当天，Fitbit 卖出 4300 万件可穿戴设备。

案例解析：

（1）形式创新。虽然主题是公益活动，但在形式上进行了大胆创新，改变了以往通过募捐等形式的传统形式，通过直播打破了地域的限制，让更多网友能够参与其中，直播可以迅速将事件扩大，引发人们对公益活动的参与和互动。

（2）三方融合。活动由公益、品牌、电商平台三方发起，三方互相借力。斗鱼直播平台的加入在效果扩散、影响加深方面起了重要的助力作用，开启了"直播＋公益＋营销"的新玩法。

案例 66：一直播爱心一碗饭，超过百位明星直播打赏过百万

时间：2016 年 5 月 22 日至今

平台：一直播

账号：各位明星的账号

核心人物：姚晨、张杰、谢娜、萧敬腾、蒋劲夫等超过 100 位明星

效果：截至 7 月 15 日，微博话题阅读数达到 14.5 亿，讨论量达到 47.5 万，超过 100 位明星参与，活动累计观看人数 1 亿 2208 万，直播视频点赞数超 4 亿，直播时长超过 100 小时，为贫困地区儿童募集善款超过 100 万元，为贫困学童筹集到 250987 份免费午餐

案例过程：

5 月 22 日，一直播与 @免费午餐、@微公益联合发起 #爱心一碗饭# 直播公益活动，奉献一小时直播做饭或吃饭，并承诺收入全部捐助给 @免费午餐，一起为贫困学童募集 50 万份营养的午餐。5 月 22 日晚上 8 点直播做红烧肉，#姚晨大战红烧肉# 直播时长为 46 分 33 秒，一共有 530.5 万人次的观看数，点赞量为 1935 万，粉丝打赏的金币数为 4329910，换算成人民币为 4.3 万。

6 月 9 号至 6 月 11 号端午假期的三天，一直播迎来男神抱团公益直播，张杰、何润东、赵普、李锐等众多男明星齐秀厨艺，张杰的四

川豆瓣鱼在 45 分钟的直播里创下了直播平台单场最高纪录，最高同时在线人数超过了 615 万人，累计围观粉丝超过 2924.8 万人，获得 1.3 亿个赞，网友打赏高达 20718760 个金币，人民币约为 20 万。

截至 7 月 15 日，一直播平台 # 爱心一碗饭 # 公益活动仍在继续。

案例解析：

（1）公益话题比较敏感。自从 2011 年 "郭美美微博炫富" 事件在网络上引起轩然大波，随着这件事情的持续发酵，中国公益慈善事业也被推向风口浪尖，而一直播的 # 爱心一碗饭 # 公益直播活动则是由明星直播做饭或吃饭，将粉丝打赏的全部收入献给贫困地区的儿童，涉及公益和钱的活动一向会触及到网友们敏感的神经，引起相当大的关注。

（2）公益 + 明星。# 爱心一碗饭 # 借用 ALS 冰桶挑战赛的方式，由微博女王 & 著名影星姚晨带头发起，借助当下最热门的媒体平台直播自己做饭，在直播过程中粉丝的打赏也将全部捐献给贫困儿童，同样，完成之后点名邀请下一位明星好友接受挑战。

（3）明星 + 隐私。粉丝通常对自己的偶像存在 "偷窥欲"。平时参加活动时偶像们打扮得隆重而光鲜，在直播时却有可能穿着家居服，看他们切菜、做菜以及聊家常等非常隐私而少见的画面，粉丝可以通过直播了解明星真实的生活状态。

（4）明星 + 明星。这项活动从 5 月 22 日开始，到目前为止依然在进行中。一位明星直播完后点名邀请其他明星参加，明星接力式的挑战为活动提供源源不断的话题和关注度，因此这项活动的又一特点是参与人数多、持续时间长。

案例 67：#TFBOYS 美拍直播挑战 # 获 3.67 亿点赞

时间：2016 年 6 月 25 日 17:00

平台：美拍直播

账号：TFBOYS 组合

核心人物：TFBOYS 成员

效果：直播时长共 111 分钟，出镜时间 42 分钟，直播观看人数 565.5 万，直播点赞数 3.67 亿，直播评论数 520.5 万，最高连击数 2215，总共募集资金 295808 元

案例过程：

6 月 14 日在史上网红最多生日趴——美拍生日会上宣布了超人气偶像 TFBOYS 组合正式入驻美拍，并发布了将于 6 月 25 日在美拍开启独家直播的重磅消息，同时借助 # 史上网红最多生日趴 # 热度开展转发抽奖活动进行预热。

6 月 18 日美拍平台再次发声，向网友征集美拍直播挑战项目，并透露本场直播中除运营成本以外，TFBOYS 通过美拍直播道具系统获得的收益将全部捐给"中国社会福利基金会免费午餐基金"，在和粉丝进行充分互动的同时强调活动的公益性质。

6 月 19 日，TFBOYS 组合官方微博带 #TFBOYS 美拍直播挑战 # 话题发声，征集直播内容，进行进一步的话题预热和粉丝互动。

6 月 20 日美拍微博发声，提供直播预约通道，并于 6 月 20 日到 6 月 25 日在微博进行活动倒计时，不断提高话题的关注度与热度。

6 月 25 日，TFBOYS 组合入驻美拍，以 TFBOYS 的账号进行了他们的第一次直播，直播内容为榨汁、做饭、吃饭、唱歌，在 111 分钟的直播中，TFBOYS 只出镜了短短的 40 几分钟，其他时间都以 MV 和粉丝视频剪辑垫场。但粉丝却在直播中保持高涨的热情，直播观看人数达 565.5 万，获直播点赞数 3.67 亿，直播评论数 520.5 万，总共募集资金 295808 元。

案例解析：

（1）TFBOYS IP 流量。2014 年队长王俊凯的一条微博因粉丝的转发量巨大创吉尼斯世界纪录，TFBOYS 作为明星组合利用其 IP 带来的流量为直播吸粉。

（2）预热推广充分，跨平台推广。此次直播美拍动用了母公司美图的自身产品的平台进行推广，包括美图秀秀等多款 APP，为活动做好了内部平台的预热。美拍还联合了饿了么、搜狐新闻、乐视、荔枝 FM、掌阅 iReader 等多平台进行宣传，融合了多种渠道进行预热，使直播还未进行时获得较大的曝光量。

案例 68：周迅、井柏然公益直播首秀——关爱残障儿童

时间：2016 年 5 月 6 日 14:00

平台：一直播

账号：i 周迅

核心人物：周迅、井柏然

效果：仅通过 30 分钟的互动直播，线上观看人数达到 134.5 万人，并筹集善款 10 万余元

案例过程：

@i 周迅官方微博预告公益探访直播，通过明星发博预热。

5 月 6 日上午 11:30，周迅工作室官方微博 @i 周迅发布直播预告——与井柏然一起为爱出发，下午 14:00 将在"一直播"平台进行公益探访直播。

在直播期间，两人除细心解说公益项目之外还频繁进行互动，同时两人在互动中不忘提醒粉丝送礼物参与公益。

下午 14:00，一直播主持人首先对 One Night 公益项目做简短介绍，主题为"关爱残障儿童的成长与发展"。在主持人的介绍下，周迅和井柏然穿着"One Night 给小孩"的白色活动 T 恤出镜，相识很久的两人互动频繁，不断呼吁大家可以通过送礼物帮助进行公益事业。随后，周迅和井柏然现场准备签名礼物，井柏然随后查看网友弹幕……

在驱车前去公益探访的途中，周迅与井柏然不断与粉丝实时互动，就粉丝互动问题进行回答，在互动过程中两人呼吁大家持续关注直播并积极参与到公益中。在直播中，他们耐心地向网友介绍此次公益活动并分享各自的公益感受。

在直播接近尾声时，两位明星收看直播同时向参与慈善的网友表示感谢，并承诺直播所获的收益将全部捐献。网友纷纷为此点赞，共计获得 1137.3 万赞。

案例解析：

（1）"直播 + 公益"新型公益传播方式。让人真正看到公益，产生认同感与触动，参与支持。

（2）明星影响力与社交互动元素结合。明星领粉丝参与，免去繁琐的公益流程，直接实现"指尖上的公益"，巧妙地用了明星的影响力与直播实时互动性，呼吁网友送礼物参与公益，

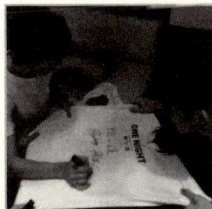

再将礼物价值转换为慈善基金。这种全新的实时直播方式免去了实际上繁琐的公益流程，参与门槛低，更加便捷、高效、大众化，极大地促成了这次 One Night 公益探访直播的成功。

（3）直播的真实性。传统的慈善晚会是经过彩排呈现给观众的，而直播是实时进行的。由于周迅和井柏然是第一次接触直播，在没有适应直播模式的情况下出现了冷场等现象，但这反而凸显出直播的真实性，让粉丝看到更加真实、纯粹的公益行动，极大地提升了 One Night 公益项目的互联网影响力与公益口碑。

案例 69：六间房爱心公社直播"罕见病"宝宝

时间：2016 年 5 月 31 日

平台：六间房

账号：薄荷

核心人物：小添翼

效果：六间房爱心公社掀起"罕见病"公益浪潮，引大 V、主播相应，一小时话题关注过万

案例过程：

六间房的爱心公社发起了爱心的公益活动，此次活动的目的是拯救患有"罕见病"的小添翼。小添翼患有十分罕见的 Denys-Drash 综合症，世界报道的这种病例约 200 例，我国约 20 例，这种疾病目前只有靠肾移植才能完全痊愈。

今年五月，六间房爱心公社成立，社员们积极寻找真正需要社会大众帮助的人，六间房爱心公社发现了"小添翼"，并将通过直播平台

把"小添翼"的事向用户进行介绍，呼吁更多的人帮助"小添翼"，也通过直播平台让更多的人参与到慈善中来。

六房间不满足于当下的互联网宣传平台，他们的目标是通过直播将公益扩散，让直播"扩大"公益的"版图"，并号召更多的人加入到公益中来。

六间房爱心公社在获得"小添翼"父母的同意后，将"小添翼"的现状以及"小添翼"病症的罕见性通过镜头向网友直观表现，这样的直播获得网友的信任，并参与捐款和关注。在直播公益上线第一天，

作家张琪就募捐了 5000 元，随着越来越多的人关注"小添翼"的直播，捐款数额将不断增加，目前爱心活动仍在继续。

案例解析：

（1）网红 IP。随着网络的兴起，网红经济应运而生并不断成长壮大，如今网红具有一定的知名度与号召力，能够吸引粉丝观看。

（2）直播 + 公益。本次直播以募捐为最终目的，而在面对以募捐为目的的活动时人们常常产生疑虑，直播将受捐助人的真实状态通过视频呈现在网友面前，网友可以直观地感受到受捐助人的情况，这样的直播有利于网友了解受捐助人的情况，从而参与到慈善中。

（3）宣传到位。六间房除了利用社交平台进行宣传外，还在自己内部组织数十位主播通过直播间呼吁粉丝参与慈善事业，在直播中将"小添翼"的现状通过镜头真实地呈现给大众。六间房还举行了内部公益募捐，将善款送到孩子父母的手中。

3.7　直播+婚恋

案例 70：百合 + 花椒 520 表白 24 小时大直播

时间：2016 年 5 月 20 日 0:00 ~ 24:00

平台：花椒 & 喜马拉雅 FM

账号：百合情感学院

核心人物：著名的情感两性专栏作家 YOYO、资深占星师和塔罗

师晚安、汉凤人社团的柳飘飘、《奇葩说》犀利选手章扬等 14 组嘉宾

　　效果：60 余万网友参与其中，获得点赞 81 万余次

案例过程：

5 月 18 日活动发布。

官方微信公众账号和官方微博发布活动信息：520 表白 24 小时直播联合北青网、凤凰娱乐等媒体，公关稿发布活动信息《520，一招教你炼成花式表白大赛冠军》。

5 月 19 日直播观看步骤宣传。

联合近 10 家网站发布观看花椒直播攻略《花椒直播百合情感学院观看地址》《520 花椒我爱泥怎么参加？》，方便网友清楚地了解观看直播的步骤。

5 月 20 日直播开始。

直播活动从 5 月 20 日凌晨开始，主题为"用特别的方式说爱你"，14 组嘉宾 24 小时无缝连接直播，直播讨论话题涵盖情感、美妆、星座、娱乐八卦等。

5 月 25 日、26 日，百合网＋花椒 520 直播案例包装，宣传百合网跨界娱乐，借力网络直播模式颠覆传统的网络婚恋交友模式，通过视频直播观看别人的日常直播视频，更全面地了解心仪的对象，使得婚恋平台更具有真实性和体验感。

案例解析：

（1）增强了交友体验。文字交流和图片展示与真实的生活场景差距较大，网络直播弥补了这种缺憾，提高了交友的安全性和真实性，

使得百合网婚恋红娘的身份发挥得更充分。

（2）直播内容丰富。全天24小时14组嘉宾不间断直播，针对受众关心的如何表白以及表白时、相亲时的穿着打扮等各个维度来诠释520我爱你表白的主题。

（3）视频直播与音频直播同步启用。花椒和喜马拉雅FM 24小时同步直播，以视频直播加上音频直播全媒体形态输出，受众更广泛。

案例71：史上最长的直播——彬彬有理的12小时百人床聊

时间：2016年6月25日

平台：花椒直播

账号：彬彬有理

核心人物：彬彬有理脱口秀

效果：直播持续12小时，是当今时间最长的直播活动，线上超过60万粉丝彻夜观看

案例过程：

前期在不同的媒体平台上做了预热，召集用户参与线下活动、线上观看直播。

在活动中，彬彬有理的掌门人、主持人路彬彬亲临"百人床聊"现场，作为实验的主持人和采访者，根据现场50对单身青年男女的沟通情况深入挖掘当下都市年轻群体的两性关系，以现场的50对为蓝本进行评论，深挖现象因果，诠释沟通技巧。

在直播的过程中，360创始人兼董事长周鸿祎进入直播间并送出钻戒，周鸿祎的进入点燃了直播间粉丝的热情，粉丝纷纷留言互动；

另外中国厨卫家居第一品牌——科宝博洛尼的 CEO 蔡明先生也进入直播间，为粉丝送上豪气大礼；90 后新锐作家孟鹭在凌晨时分开启走秀环节。

通过线下＋线上的不同内容形态吸引用户持续观看。

线下现场抽奖，线上在微信公众号回复 0 也能参与抽奖。

除此之外，直播现场环节嵌入了联合举办品牌的植入，例如京东家居的京东狗出现为大家派发毛毯。

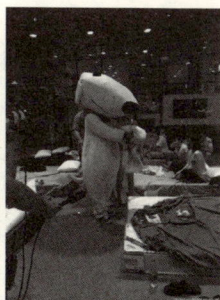

案例解析：

（1）活动形式与内容策划上具有话题性。"床聊"具有话题性，能吸引用户关注，除此之外在"聊"的内容上也是贴合当下社会男女交往及情感问题，这也是年轻人热衷参与讨论的话题。

（2）线上线下的超级 IP 引爆。在直播期间，360 创始人兼董事长周鸿祎到直播间与网友进行互动，吸引网友进入直播间参与互动。在直播期间还邀请了许多专家、名人来到现场和参与者进行互动，在长时间的直播过程中不断有各个领域的名人、专家助阵，名人、专家在直播间内与网友互动，避免了长时间直播所带来的沉闷。

（3）紧贴活动主题的品牌植入。此次活动选择了与其主题想贴合的品牌，如京东家居、珍爱网等，除了口播之外，还通过设置现场互动的方式进行品牌露出，如上文提到的京东狗为参与者送毛毯，在品牌露出之余也传达了品牌关心用户舒适生活的理念。

3.8 直播+时尚

案例 72：索菲亚与舒淇玩转天猫直播间——开启全屋定
　　　　制季

时间：2016 年 6 月 26 日下午 2:00

平台：淘宝微淘、天猫、微博

账号：索菲亚

核心人物：舒淇

视频链接：http://e.vhall.com/751740612?from=timeline&isappinstalled=0

效果：索菲亚全屋定制发布会暨舒淇粉丝见面会的现场直播在线

播放达 1.1 万人次，微博话题量达到 164 万，全线互动，实现品牌与消费者零距离

案例过程：

（1）活动预热

以倒计时的方式对活动进行预热，活动当天在官方微博上发出直播链接及二维码，直播在淘宝的微淘、天猫、微博等平台爆发式地进行。

（2）直播爆发

经过一系列的准备，6 月 26 日直播拉开序幕，在各大平台上进行直播。

在直播的整个过程中网友可以边看边买，点击"边看边买"就能看到各种商品的信息。线上实时直播发布会的动态，整个过程让观看直播的人直观地感受到现场气氛，增强了收看直播网友的代入感。

（3）进行启动仪式

索菲亚启动仪式正式开始，舒淇的发言成为整个活动互动的亮点，并从舒淇的一些生活习惯展示了定制的暖心细节，将家具的使用情况和索菲亚定制结合起来，将明星的品质生活呈现给消费者，吸引消费

者进行购买。在启动仪式的过程中，索菲亚还特意为舒淇打造了一款"女神定制款"衣橱，产品不仅博得大家的眼球，还获得了大家的掌声。

案例解析：

（1）明星个人 IP 热点贯穿活动。最初微信公众号发起赢取舒淇见面会名额的活动，同时微博话题 #索菲亚女神驾到# 以舒淇为引爆点提高粉丝互动量；后期微博发起投票、晒照等活动吸引粉丝参与活动；最后以倒计时形式进入直播。其目的都是吸引粉丝互动和引起粉丝参与互动，为后期粉丝收看直播并参与互动奠定了基础。

（2）明星互动话题。在直播过程中，舒淇作为整个直播的切入点，在进场的途中主持人对舒淇的粉丝进行了采访，简单的线下粉丝互动增加了整个活动前期的趣味性。

（3）直播到销售导流。在启动仪式中商家还定制了与舒淇同款的产品，网友在直播的整个过程中可以边看边买，点击"边看边买"就能看到各种商品的信息，实现了流量到销售的转换，除此之外也实现了品牌的全线互动，与消费者零距离。

（4）巧妙的品牌植入。通过对在休息的客户和舒淇粉丝沟通交流，在简短的互动环节中从侧面把品牌的产品特点、传播理念等有效地传达给线上线下的粉丝，同时也通过使用者的角度有效地向大家侧面宣传了其"全屋定制"的概念。

案例 73：黑着黑着就萌上了，黄子韬美拍直播路转粉

时间：6 月 18 日

平台：美拍

账号：红秀 GRAZIA

核心人物：黄子韬

效果：超过 60 万粉丝同时在线观看，评论 21 万条，收获 2374 万个赞

案例过程：

在 6 月 17 日开幕的 2017 米兰时装周，黄子韬受邀观看宝姿 2017 春夏男装发布会，时尚杂志《红秀 GRAZIA》在美拍直播黄子韬看秀之前的准备状态。

6 月 15 日到 17 日连续三天，@红秀 GRAZIA 官方微博发布黄子韬看秀美拍直播相关内容，为黄子韬美拍直播造势传播。

6 月 18 日，《红秀 GRAZIA》杂志安排两名工作人员作为黄子韬的直播主持人，负责在直播中与黄子韬沟通和拍摄，将黄子韬化妆、换装等看秀之前的准备工作全程展示在直播间的网友面前。在直播中，黄子韬一刻也闲不住，先是向网友推荐自己的听歌软件，接着向大家

介绍自己家的小狗 candy 以及与品牌合作的 T 恤，呼吁大家关爱小动物。之后更是频频玩梗，2015 年的伦敦看秀迟到梗、狗带梗、表情包梗等让整个直播过程话题不断。

案例解析：

（1）保持话题性。有话题的内容才能让直播过程不冷场同时保持趣味性。在直播中，黄子韬将过去很长一段时间围绕在他身上的话题频繁提及，让整个直播过程毫不冷场，他用轻松的方式将过去的"黑历史"在直播中玩得风生水起，让直播观众大跌眼镜。在明星直播中，除了靠自身人气吸引忠实粉丝以外，要想吸引观众关注自己的直播，直播内容的话题性必不可少。

（2）保持互动性。在直播过程中与观众进行互动尤其重要，粉丝得到偶像回应，实现粉丝与偶像之间的直接互动，有强烈的参与感才能让粉丝长时间在直播间围观。除了让直播具有观赏性以外，还应注意与粉丝的实时互动，增加粉丝在直播间的互动参与感。

案例 74：范冰冰到巴黎参加路易威登压轴大秀前的美拍直播

时间：2016 年 3 月 9 日 16:36

平台：美拍

账号：ELLEplus

核心人物：范冰冰

视频链接：http://www.meipai.com/media/487488008?from=weixin

效果：百万人次的观看，最高同时观看人数超过 28.6 万，获得上千万个赞

案例过程：

2016 年 3 月 9 日，《ELLE》杂志官方微博发出下午四点将直播范冰冰驱车前往秀场的内容，引发观众期待。当日 16:36，直播正式开始，画面首先是范冰冰与 ELLE 时尚主编、设计师朴克文一行人在去往路易威登秀场的路上，范冰冰应邀作为前排观秀嘉宾出席路易威登压轴大秀。

本次直播以范冰冰的座驾作为直播背景，在去往路易威登秀场的路上开始直播，直播以采访模式进行，ELLE 时尚主编作为主持人不断发问有关范冰冰的日常生活以及所使用的化妆品、服饰品牌等，中途还介绍眼妆未来感、二次元，橘色和橙色双色交错唇彩等，引起粉丝的热烈讨论。

随后范冰冰下车进入秀场，被记者"长枪短炮"包围，ELLE 时尚主编暂时与范冰冰分开进场。

案例解析：

（1）核心人物知名度高。范冰冰作为此次直播的核心人物，人物本身具有较高的关注度。再加上粉丝对明星具有"窥探"的欲望，网友对范冰冰镜头下的样子十分好奇，故引发大批粉丝关注。

（2）主角的人格魅力。范冰冰大大咧咧的性格在直播中呈现出来的效果十分讨喜，当着几十万直播观众"豪放"地说出自己想上厕所，尽情地展示真实的一面，范冰冰本身的性格魅力为此次直播加分不少。

案例 75：#一起 YY 刘涛 STYLE# 总攻刘涛与近 70 万粉丝互动，手把手传授时尚经

时间：2016 年 5 月 31 日 11:40

平台：YY 直播

账号：刘涛

核心人物：刘涛

效果：直播 40 分钟近 70 万粉丝同步参与互动，点赞数达 18.9 万

案例过程：

5 月 27 日 14:58YY 直播官方微博发起直播预告，以 #一起 YY 刘涛 STYLE# 创建微博话题，直播首页也开启专属 Banner，配合刘涛 STYLE 时尚海报进行全面线上传播，将刘涛与 YY、时尚等话题标签化。

　　5 月 30 日中午 12:00，数十位 YY 人气主播集体以刘涛在《欢乐颂》里的白西装造型出镜，为刘涛的直播进行预热，并以《欢乐颂》里的情节作为话题，使话题再升级，为刘涛的直播做充分的预热。

　　5 月 30 日晚间，刘涛个人微博转发 YY 直播预热微博，告知直播重心内容（分享私人衣柜，向粉丝介绍安迪的时尚搭配技能）。

　　5 月 31 日 11:40，刘涛通过 YY 直播向粉丝展示安迪在电视剧《欢乐颂》中所穿过的经典服饰，与粉丝大聊时尚搭配及个人择衣标准，并透露本次直播会将部分展示服装放在刘涛个人公益星网店进行售卖，售卖所得款项全部作为公益慈善金捐助给一名残疾女孩。

案例解析：

（1）刘涛个人 IP。接连出演热门电视剧所积累的火热人气及剧中时尚干练、霸气外露的人物设定让刘涛 STYLE 成为时尚界独树一帜的存在。

（2）充分预热。YY 直播在直播前进行了充分预热，首先在平台上发布刘涛的海报，利用海报吸引观众的眼球。数十位主播集体以白西装造型出镜，通过女主播换装事件这一话题性吸引观众对直播进行了解，为刘涛的直播进行最后的预热。

（3）直播信息植入。通过粉丝自制"安迪的后宫"视频，在视频结尾植入 YY 直播信息，让观众在收看视频的同时了解直播的信息。

案例 76：欧莱雅 + 美拍：从流量到销售量的完美转化

时间：2016 年 5 月 15 日 15:39

平台：美拍

账号：巴黎欧莱雅

核心人物：李宇春

效果：直播共 26.9 万人次观看，点赞量达 2709.8 万，直播后 4 小时欧莱雅天猫旗舰店的李宇春同款冰晶粉色唇膏售完

案例过程：

2016 年 4 月 18 日，巴黎欧莱雅作为戛纳国际电影节的官方指定合作伙伴，先是在其官方微博发起了 #戛纳零距离# 的话题，后又与聚划算、淘宝直播的官方微博共同发起"欧莱雅邀你去戛纳"的活动，并透

露从选拔到走红毯都将通过平台实时播报，为戛纳的营销活动造势。

5月3日，巴黎欧莱雅的美拍账号陆续放出去年李冰冰、范冰冰、李宇春、井柏然等明星在戛纳电影节上的精彩镜头作为预热。

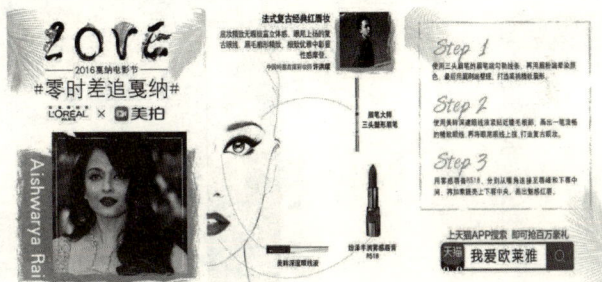

5月11日，巴黎欧莱雅与美拍官方账号共同拉开#零时差追戛纳#的系列直播活动。在整个活动期间，巴黎欧莱雅的官方微博推送了多条"如何打造明星同款妆容"的相关教程，把热点事件＋明星的影响力引导转化为购买力。

5月13日，巴黎欧莱雅的美拍账号直播了李宇春抵达戛纳后的接机画面，获赞581.4万，并预告5月14日的直播点赞若超过1500万，李宇春将会送出独家好礼。同一天，美拍官方放出在戛纳期间李宇春所有直播的时间表。

5月14日，巴黎欧莱雅与ELLE美拍账号分别直播了李宇春的专访、李宇春和ELLE主编晓雪走红毯的环节。巴黎欧莱雅抽出10位幸运粉丝送出李宇春戛纳红毯妆容同款造型产品套装，让观众高度关注"明星同款"产品。

5月15日，巴黎欧莱雅直播了李宇春的台下专访，在等待过程中，主持人通过与粉丝的弹幕互动对李宇春使用过的欧莱雅产品进行详细介绍。采访时春春再次推荐了自己的心头好产品，并介绍了自己走红毯时使用的唇膏，直播后 4 小时欧莱雅天猫旗舰店的该色系唇膏脱销。

案例解析：

（1）提前预热为活动积累了足够的热度与关注。在距离戛纳电影节近 1 个月的时间，巴黎欧莱雅便开始了对戛纳电影节营销的预热，进行传统明星海报宣传和粉丝选拔，将用户的记忆与"直播"紧密地联合在一起。

（2）注重多角度、全方位地对营销活动进行包装与推广。巴黎欧莱雅能在今年戛纳电影节的营销战中留下灿烂夺目的一笔，品牌的各个官方平台（美拍、微博、天猫等）配合紧密，通过素人、网红、《ELLE》时尚杂志等账号让该次营销活动在不同层面的粉丝之间影响力扩展至最大化。

（3）多角度、全方位、深层次的传播推广，大手笔明星资源与直播完美结合，多个聚焦热点紧密捆绑在一起，先赋予了产品对用户强大的吸引力，再通过引导与折扣促使观众发生购买行为，把影响力转化为购买力。

案例 77：凡客春夏新品发布会

时间：2015 年 4 月 1 日 14:00 ～ 15:48

平台：微吼直播

账号：凡客诚品

核心人物：陈年、雷军

效果：本次发布会实际观看人次为 15496，总计观看人数为 6000

案例过程：

据微吼数据，在直播开始前微吼直播就通过 H5 页面、EDM、电话、信息等方式进行精准邀约，快速召集客户及观众参与其中。

在发布会过程中凡客与粉丝实时互动，微吼在高效分享直播的同时还可通过微博、微信、朋友圈等社交平台与现场及线上嘉宾、观众进行实时互动，信息被高速传播与分享，使"凡客"新品在第一时间得到了更多的关注。

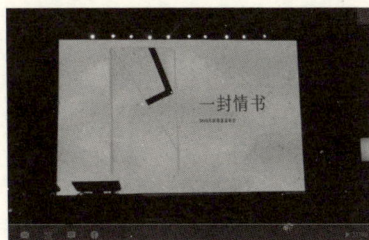

发布会还请来了陈年的老朋友——雷军助阵。雷军说能认认真真做好基础功能产品的公司真不多，有这样态度的公司值得大家鼓励。雷军的直播发言得到很多网友的支持。也许 3 ～ 5 年，凡客能给整个服装行业带来变革。

直播结束后，微吼还对观众进行了行为数据分析，为"凡客"发掘更多目标客户与潜在商机。

案例解析：

本次直播是比较早期的商业直播，当时商业直播并没有什么关注度，凡客选择与微吼合作估计也是想通过新的传播平台为每况愈下的销量带来新的转机。虽然现在看来这次直播活动的收效一般，但在当时算得上一场成功的社交营销活动。

（1）凡客通过直播进行商务活动，增强了凡客的市场影响力并使其直接获得商机。

（2）很多网友表示，看了发布会感受到凡客满满的情怀，不逊于老罗。

（3）这次发布会让消费者们看到了凡客的态度和决心，希望凡客能定准目标，找好突破口，卷土重来。

3.9　直播+教育

案例 78：罗振宇多平台直播售书，特邀中国台湾著名心理
　　　　学家张怡筠讨论孩子教育

时间：2016 年 5 月 16 日、2016 年 5 月 22 日

平台：小米、映客、斗鱼 TV、淘宝、优酷、一直播

核心人物：罗振宇

直播账号：小米直播为 1652304、映客直播为 48558746、一直播为 41087891

效果：2016 年 5 月 16 日直播在线观看次数达到 10 万，收到 50 万映票打赏（折人民币 1 万余元），书籍从 2.55 元拍到 30260 元；2016 年 5 月 22 日直播期间累计 55.1 万人观看，166.5 万人点赞

案例过程：

2016 年 5 月 16 日，小米直播官方微博发布消息，《罗辑思维》创始人罗振宇将于当晚 20:00 开展个人藏书线上大拍卖，除了小米直播以外，当晚罗振宇还联合映客、斗鱼、淘宝、优酷视频进行同步直播。

在直播过程中，罗振宇不停播报各平台的流量数据，使平台之间互相攀比，网友不断提高拍卖价格，最后罗振宇的书从 2.55 元拍到 30260 元，溢价超过 10000 倍。

当月 22 日，罗振宇在直播开始前发布微博消息表示自己将携儿童心理学博士张怡筠一起探讨父母应该如何培养孩子的情商，在直播中罗振宇还亲切友善地与粉丝分享生活中的事情，甚至愿意自曝在工作中遇到的尴尬，满足了众多粉丝的好奇心。

张怡筠博士就此次话题"如何培养孩子的情商"给网友特别是父母以专业意见，用通俗易懂的方式引导父母们读

懂孩子，短短两小时直播房间就累计 55.1 万人观看，166.5 万人点赞。

这次直播不单单给网友发送充足干货，广告植入也很成功，原来罗振宇自家的淘宝店在售张怡筠的儿童情商玩具。

案例解析：

（1）成功利用直播进行转化。罗振宇的两次直播——竞拍和论孩子教育均取得了理想成绩，利用多平台同时直播和满足大众窥探心理的方式既实现了快速圈粉也打响了名号。

（2）多平台竞争，利用粉丝攀比心理营销。5 月 16 日晚直播期间，罗振宇在秀知识储备的同时轻松获得近 30 万粉丝的关注，身为《罗辑思维》创始人并负责 papi 酱广告拍卖会的罗振宇确实是营销高手，先是卖书，这次拍卖自己的典藏书籍，且选择映客、淘宝、小米、斗鱼、优酷五家不同领域的直播平台，极大地扩散了观众范围，通过调动粉丝的热情，使不同平台之间的网友互相攀比将部分书籍的拍卖价格提升至过万。

（3）爆生活糗事，分享孩子经干货，成功植入广告。2016 年 5 月 22 日，罗振宇现身一直播，以准爸爸身份示人，携儿童心理学博士张怡筠探讨孩子经。

案例 79：周鸿祎招徒 3 小时直播 150 万创业者观看，知识
　　　　变现打造招生培训直播新场景

时间：2016 年 6 月 15 日 15:00

平台：花椒

账号：黑马学吧

核心人物：周鸿祎

效果：超 150 万人观看直播，1 小时涌入人数近 100 万，共 1088
个创业者报名创培生

案例过程：

2016 年 6 月 11 日 ~ 6 月 19 日，黑马学
吧 & 花椒开展四场直播形式的授课，开启知
识分享变现的探索之路。

6 月 12 日，创业黑马——董事长牛文文
与李开复对谈，80 万的直播观看量，拉开
"黑马创业直播挑战赛"的帷幕，同时预告 6
月 15 日周鸿祎将通过直播向整个创投圈公开
招徒。

（图片来源于网络）

6 月 15 日 15:00，周鸿祎直播招徒，打造学习新场景正式开始。
直播开始后主持人先邀请充值 1000 花椒币的部分创业者上台互动，让
创业者自我介绍，并讲明喜欢周鸿祎的原因，主持人用调侃的口吻与
观众进行了互动以活跃气氛。

周鸿祎正式上场开讲，内容以直播与智能硬件的开发两大版块为主。

周鸿祎认为直播不局限于目前的游戏、高颜值交友聊天和才艺表演，未来还有很大的空间，自媒体时代已经来临。

周鸿祎认为与在线观众在 1 米以内距离的直播可以更好地互动，他以 360 智能手表为例，分享智能硬件的开发历程并强调智能硬件必须与云端智能服务结合。

最后，周鸿祎还点名亲自送出了 360 手机、韩后等各种奖品。

案例解析：

（1）名人效应，巧用噱头预热造势。从 2016 年 4 月 11 日起开始预热造势，打造系列活动。李开复 4 月 12 日直播 80 万的观看量，为下一场周鸿祎直播打下基础；之后以周鸿祎公开招徒为噱头大力传播扩散，同时借助周鸿祎的名气与粉丝基数，通过分享集赞进行针有对性的点对点传播扩散。

（2）直播现场互动频繁。主播开场与现场创业者互动，过程中与在线观众调侃互动，最后还为打赏者排名派奖。

（3）创业培训，内容丰富。直播成功与否一方面在于吸引到的在线观众人数，另一方面在于直播内容是否值得观众观看并传播。周鸿祎的这次直播以招徒为名义，分享直播与智能硬件的干货，诚意十足，现场及在线观众收获满满。

案例 80：研习社取势大数据创享线下沙龙

时间：2015 年 12 月 23 日傍晚

平台：微吼直播

账号：混沌研习社

核心人物：李玥

效果：超过 6.8 万人线上观看，联合广州、深圳、厦门、南京、西安、郑州、哈尔滨、济南分会场八城齐齐开场，1300 多人报名参加分会场沙龙

案例过程：

2014 年初，颠覆式创新研习社诞生。这是一个自组织的学习社群，社员可以听、讲公益课，也可以众筹学费，邀请其他创业家和教授讲课。不到两年时间，研习生已经有 12000 多名社员，成了中国最大的创新者学习社群。

（图片来源于混沌研习社）

2015 年 12 月 15 日，混沌研习社（原颠覆式创新研习社）以创业营的经验和斯坦福的精神创办了一所全新的互联网大学——混沌大学，全心全意为创业公司培养具有互联网思维和全球化视野的创新人才，并在八城联动举行线下沙龙。

此次活动特邀大数据的深度参与者和资深观察者——LinkedIn 商业分析高级总监李玥和海银资本创始合伙人王煜全在北京为大家讲解大数据对接落地商业、改变生活的方式。本次活动宽厚里书院作为济南站的举办地点将作为分会场进行现场直播，广州、郑州、厦门、南京、西安等城市同步直播。现场主要讲解了国内外关于大数据应用及真实的案例分析，还原大数据的真实温度，让在场的行业精英了解大数据在中国市场的未来和机会。

直播开始后，主持人揭晓此次直播演讲的嘉宾身份，并不断向观众传达混沌研习社的核心思想。

此次直播不是研习社的课程而是一次超级学习沙龙，主持人从大数据深度运用者和深度实践者的身份去解读大数据在中国的未来及机会，并带领观众破除迷信找出一些伪命题和大家一起学习。

案例解析：

（1）多城联动，观众众多。此次直播，线下多个城市互动开启并联动线上直播，从线下讲座几千人观看至线上直播 6 万多人观看，影响深远。

（2）重量级讲师传播全民兴趣话题，分析大数据时代下的中国创业者如何将数据转变成价值。

（3）巧用大数据，分析观众喜好，线下沙龙讲座吸引观众进入研习社。

案例 81：顺"互联网 +"东风，网络直播开启"途途医考"在线培训新旅程

时间：2015 年 11 月 15 日

平台：微吼直播

账号：途途医考

核心人物：讲课教师——冰冰老师

效果：低成本高效率，不仅精确地覆盖了原有的企业用户，更深入挖掘出海量的潜在用户，网络直播助"途途医考"开启了在线课程培训新旅程

案例过程：

官网提前进行课程预告，报名时间为 2015 年 10 月到 11 月。2015 年 11 月 15 日，微信公众号进行课程宣传，将课程特点、课程安排、费用说明、报名步骤、学习方式进行集中说明。

（图片来源于"途途医考"官网）

2015 年 11 月 15 日 19:00 ~ 21:00 进行网络直播培训，微吼视频直播平台为"途途医考"提供了全套视频直播功能。

直播培训开始后，观众在及时掌握最新医考培训信息的同时还可进行零距离交流互动，重现真实的课堂氛围，并对教学质量严格把控，实现 360°无缝链接。

观众不仅可以同步在线观看、掌握新鲜资讯、实时互动交流，还可及时进行朋友圈分享，从而扩大活动影响力，挖掘更多潜在用户。

课程培训结束后，2015 年 11 月 17 日直播培训视频同步上传至微信公众平台，大家可以反复观看学习，并将课堂练习以及答案附在微信文章内，做到关联式传播。

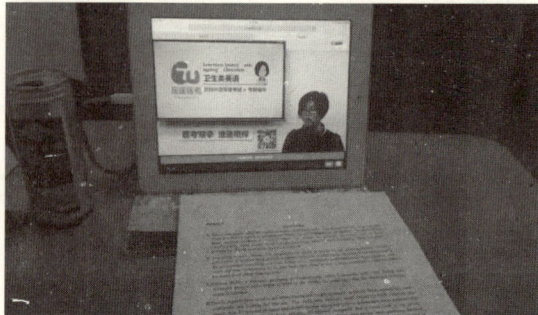

案例解析：

（1）打破传统。与传统教学相比，网络课程培训可以实现教育资源的最大化利用价值，一是打破了同时受业人数的限制，二是打破了时空限制，教学视频可反复观看。

（2）实时分享，高速传播。观众可通过微信快速参与直播，随时随地分享至朋友圈，实现大范围传播，在扩大影响力的同时深度挖掘海量潜在用户。

总的来说，此次直播在线培训是教育行业的一次新尝试，解决了传统教育的许多弊端，能满足更多人的课程培训需求。网络直播形式的培训把用户要求与感受结合在一起，抓住了众多医考者的痛点，在创新的同时也提高了"途途医考"的宣传度。

案例82：吴晓波书友会首次网络直播——《数据之巅》线上分享会

时间：2015 年 3 月 22 日 14:00

平台：微吼直播

账号：吴晓波书友会

核心人物：罗辑思维视频策划人冯启娜老师

效果：一个半小时 1.8 万人观看，为更多书友提供了一次成功交流学习的机会

案例过程：

"吴晓波书友会"是一群喜欢吴晓波的铁杆粉丝自发组织成立的

一个线下分享组织，大家都认同吴晓波的思想和观念，并且抱着开放和交流的心态一起参与活动。通过书友会这一平台可以彼此分享探讨人生，结交更多志趣相投的朋友，同时也能培养兴趣爱好、拓展思维。吴晓波书友会从创立经过书友们组织发展已经不断壮大，逐渐成为了高质量的读书会。

本次书友会尝试网络直播的目的在于吸引更多志趣相投的朋友加入到书友会中，彼此分享和探讨。

这次直播在 2015 年 3 月 22 日的下午两点开始，整个过程持续了将近一个半小时。直播邀请了罗辑思维视频策划人冯启娜老师作为主持，现场她与大家分享了自己对涂子沛的《数据之巅》这本书的看法与观点，同时冯启娜老师根据在线观看者的提问进行回答与互动。

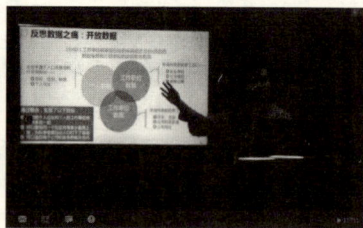

案例解析：

在 2015 年 3 月直播还不是主流，人们对直播比较陌生，需要鼓励消费者尝试使用。虽然吴晓波书友会的首次线上直播吸引的人数还不到两万，但也算是一次成功的尝试，实现了书友们随时随地线上交流学习的第一步。

（1）主持人选具有吸引力。首先，以罗辑思维的知名度，冯启娜老师作为视频策划人具有一定的知名度；其次，冯启娜老师观点独立，有自我见解，与吴晓波书友会的社群标签相符合。

（2）微吼直播平台精准邀约，快速召集客户群。在活动前期，微吼直播通过 H5 页面、EDM、电话、信息等方式进行精准邀约，快速召集目标用户参与到活动中来。

（3）实时互动。通过微博、微信、朋友圈等社交平台与现场及线上小伙伴进行实时互动，信息高速传播与分享，画面清晰、流畅，保证了所有观众的参与热情。

3.10　直播+旅游

案例 83："嫦娥姐姐"颜丹晨搭乘量子号游轮，花椒全程直播途牛影视游轮之旅

时间：2016 年 5 月 14 日到 5 月 19 日

平台：花椒直播

账号：颜丹晨、途牛影视

核心人物：颜丹晨

链接：http://www.huajiao.com/1/13165472

效果：超 547165 人次观看，点赞 793432

案例过程：

2016 年 5 月 15 日，颜丹晨搭乘途牛影视准备的皇家加勒比海洋量子号游轮，开始了她从上海吴淞港出发的海外旅行并在花椒全程直播。

预热从 5 月 14 日就已经开始，颜丹晨在花椒直播介绍本次活动之旅并展示行李。

5 月 15 日，游轮之旅正式开始，女神闺房揭秘、美妆搭配分享互动，第一天就已经吸引了 215132 人次观看。

5 月 16 日，游轮探秘，直播游轮秀场节目。

5 月 17 日，游轮到达日本福冈，颜丹晨带领观众跟随镜头体验福冈的民俗文化，感受地道的日式风情。

5 月 18 日，直播甲板时装秀，分享海上迷人风景线。

5 月 19 日，诱人欧式大餐大放送，让吃货一饱眼福，美食、美景、美女美不胜收。

案例解析：

（1）成功预热。5 月 14 日揭秘即将参加途牛影视游轮之旅就吸引了 39696 人次观看，并为后续几天的游轮之旅直播做了关键性的铺垫。

（2）天然的软性植入条件。途牛影视游轮之旅属于服务类型直播，主播颜丹晨在整个旅行过程中以游客的身份自居，顺其自然地将游轮的主要卖点植入，如饮食、住宿、娱乐表演等。

（3）直播时代的跨界尝试。花椒途牛影视向业界展示了跨界直播的营销成效，这是继王祖蓝在马尔代夫直播为 11 对新人证婚之后花椒直播和途牛影视进行的第二次合作。这种跨界直播一方面为花椒平台带来更加丰富的内容，增加用户黏性，另一方面可以带动其他领域进入社交直播，实现完美结合。

案例 84：直播旅拍真人秀录制过程，超过 500 万人参与互动

时间：2016 年 4 月 19 日首播直播，2016 年 4 月到 6 月节目录制期间持续直播

平台：斗鱼 TV

账号：爱游我拍

核心人物：来自伊朗的华波波、阿根廷的功必扬、尼日利亚的钱多多

效果：直播两天就有 70 万人参与互动，最终累计超过 500 万人观看

案例过程：

2016 年 4 月到 6 月是湖南卫视《爱游我拍》旅拍真人秀的录制阶段，期间斗鱼 TV 会直播每一次的录制过程。

4 月 19 日，斗鱼首播武汉站录制过程的直播，邀请了时下人气主播欢欢女神、新面孔小妹妹等陪同节目中的三位外国网红嘉宾逛街、吃饭。斗鱼 TV 会实时直播他们的行程，有时候还会让嘉宾充当主播。

在直播期间，主播可以收集网友实时发布的人气最高的弹幕指令，让嘉宾完成互动。比如在武汉小吃街时，参与互动的网友们可以决定他们吃的下一种小吃。

除了能教嘉宾如何玩以外，网友还可以向主播或嘉宾提问，甚至整盅他们。例如，有网友在互动中让外国网红嘉宾挑战中文绕口令，场面充满喜感。

除此之外，网友还可以在直播过程中参与投票，决定嘉宾的最终胜负。

在前两天的直播中，《爱游我拍》在斗鱼 TV 的两个官方直播间就吸引了超过 70 万人参与互动，在 4 月到 6 月的整个直播过程中更是累计了 500 万人次观看。

案例解析：

（1）首创网络直播旅游秀。真人秀拍摄过程的直播满足了受众的好奇心，有抢先看秀场"枪版"的即视感。

（2）节目主角为外国网红，直播多为美女主播。多方文化碰撞加上国内知名美女网红的魅力，发掘一般传统旅游看不到的新玩法。

（3）洞悉网友心理进行互动环节设置，实现深度实时互动、全面参与。一方面线上互动可以"操控"节目的走向，满足了观众的"控制欲"；另一方面网友还可以通过创意投票决定嘉宾的输赢，吸引观众全面参与直播，实现了线上线下的深度互动。

案例 85：王祖蓝与妻子参加集体婚礼直播，获得近 40 万网友围观

时间：2016 年 5 月 7 日

平台：花椒直播

直播账号：21511761

核心人物：王祖蓝、李亚男

效果：吸引近 40 万网友集体围观，点赞 30 多万次

案例过程：

这次活动并不是王祖蓝第一次在花椒直播，王祖蓝平常也会直播与妻子的甜蜜生活，包括小夫妻俩逛街、吃饭都会毫不吝啬地与广大网友直播分享，途牛影视此次请来一对美煞旁人的模范夫妇参与集体婚礼再适合不过。

本次直播在马尔代夫进行，11 对幸福的新人在这里举行集体婚礼，寓意一夫一妻、一生一世。王祖蓝和李亚男夫妇在集体婚礼之前就先与网友直播分享了马尔代夫的迷人风光并曝光婚礼现场的前期准备，为集体婚礼的直播做铺垫。

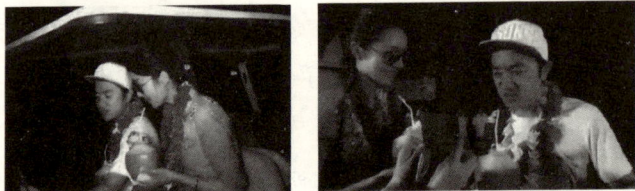

在 5 月 7 日的直播中，王祖蓝、李亚男夫妇以证婚人身份出席婚礼，与新人分享甜蜜夫妻相处之道，引来不少粉丝好奇关注直播，独具表演天赋和娱乐精神的王祖蓝还在现场与游客一起进行妙趣横生的模仿秀互动。

许多网友通过花椒直播为王祖蓝送去礼物盒。

网友通过花椒直播可获得明星签名照等小礼品。

此次集体婚礼除王祖蓝进行花椒直播外，途牛影视官方的花椒账号也进行了全程直播，明星平台和活动官方平台的直播同步颇具影响力，吸引了近 40 万网友集体围观，点赞 30 多万次。

案例解析：

（1）颠覆在线旅游行业的推广方式。对比以往在线旅游行业以高清景点美图、线上 UGC 及旅游宣传片来吸引消费者注意，直播让推广更真实、更全面、更直观，途牛快速抓住这样一个机遇并成功从中获取收益。

（2）线上旅游行业的全新尝试。途牛影视此次利用明星效应 + 直播，通过王祖蓝的直播镜头客观、真实地展示马尔代夫的迷人景观，实现高效内容转化。

案例 86：去哪儿网联手斗鱼直播，10 余位网红主播带"疯"游全球

时间：2016 年 5 月 13 日到 27 日

平台：斗鱼直播、雅虎直播、龙珠直播

账号：阿科哥、CCbaby、欢欢女神、丝袜小弟、香菇年、叶子、霹雳爷们儿、星级试睡员等

核心人物：11 位人气主播 +1 位知名偶像作家

效果：去哪儿网和斗鱼网站的这档"旅游直播"节目前后持续 10 天时间，直播 16 场，每场直播 3 小时以上，最高同时在线人数为 81 万，最少也有近 10 万

案例过程：

2016年5月13日，去哪儿网联合斗鱼直播对外宣布推出一系列"旅游直播"节目，10余位网红主播将赶赴广州长隆、四川九寨沟、云南大理、香港迪士尼、泰国普吉岛、韩国济州岛等八大热门景区。与此同时，去哪儿网"519疯游节"同步上线，去哪儿网通过直播和福利发放增大了流量。

同日，斗鱼的两位人气主播阿科哥和CCbaby男女搭档联手直播广州长隆度假村体验现场，引发81万网友围观。两位主播与国外游客互动，引起网友弹幕吐槽；与动物近距离接触，解读落花时节又"疯游"，长隆一日乐悠悠。作为第一场去哪儿旅游直播，其在线人数峰值达到81万，排名全站第二。

5月14日，欢欢女神在最美三亚与斗鱼粉丝直播互动两小时吃喝玩乐。

5月15日，丝袜小弟阿郎带网友畅玩浪漫之地大理，街头卖唱引发网友捧场围观。

5月16日，香菇年前往香港带你购购购，穿梭在香港旺角街头体验市民生活，吃路边小吃，逛小摊贩，试衣服买衣服，将个人购物体验融入整个直播中，带网友体验最地道的港式生活。

5月16日、17日，斗鱼户外主播叶子在九寨沟带大家看青山绿水。

5月18日15点、5月19日19点、5月20日14点，斗鱼直播以

"星级试睡员"的账号直播偶像作家张皓宸在日本的青森试睡记。期间张皓宸用234万粉丝账号5次发布相关活动现场图片，在青森屋感受最地道的日式服务，泡温泉中的LV，看日本最负盛名的睡魔祭典，与网友分享世外桃源般的慵懒与放松。斗鱼直播平台目前账号的关注人数达3252人。

5月19日到21日，霹雳爷们儿三日疯游普吉岛，全程直播三男两女漫步沙滩、出海潜水、骑摩托车、逛夜市、吃美食，参与"丛林穿越"，团队自制各种欢乐场景，引发笑料不断。

5月22日是新面孔小妹妹的韩国之旅，绝代"疯"华，韩有你不孤单。

继8位斗鱼主播和一位人气作家在斗鱼直播平台连续10天带网友"疯"游全球直播后，去哪儿网开始与其他直播平台展开合作。

5月27日邀请竞电女王Miss首次跨界，华丽变身#特约试玩员#在雅虎直播送出100张上海迪士斯门票。

6月13日，两位台湾人气主播立蓁和大鱼MsYuyu成为去哪儿#特约试玩员#回到家乡台湾，连续三日在龙珠直播平台带大家吃喝玩乐游台湾，体验原汁原味的台湾生活。

（本案例图片来源于去哪儿网）

案例解析：

去哪儿网和斗鱼直播都是国内年轻人最爱的知名平台，双方累计用户规模接近上亿。跨界合作无论是对直播还是旅游行业都能带来巨大的想象空间，双方可谓一拍即合。

（1）去哪儿网聚焦选择游戏直播平台，对于游戏爱好者而言，旅游直播的出现是否可以成功地转移他们的兴趣爱好。主播人选从游戏直播到秀场直播，人群兴趣的匹配度高，后期流量变现效率决定此次活动成功与否。

（2）斗鱼直播后，去哪儿网为何转战其他直播平台。在斗鱼直播的强势推广后，去哪儿又选择其他平台，未能强强联合再创新高。

案例87：村长李锐直播618长隆爸爸节"我爸爸 很会玩"
　　　　预热发布会

时间：2016年6月13日

平台：花椒、美拍、淘宝直播

账号：李锐个人直播花椒号"跳爸爸"

核心人物：李锐

效果：140 万人观看直播，父亲节营销创造 350 万营业额

案例过程：

2016 年 6 月 13 日，长隆集团在阿里旅游平台上策划了"与村长李锐夜宿鲸鲨馆"的拍卖活动。

6 月 13 日中午，李锐参加了主题为"我爸爸 很会玩"的长隆爸爸节新闻发布会。李锐当天拍卖了一组"爸爸节"期间的超级 VIP 席位，起拍价 618 元，最终被一位爸爸以 4498 元的价钱竞得。

李锐不仅在现场拍卖 VIP 席位，还当起"导游"，为数万名粉丝讲解海洋知识，交流如何做"好爸爸"的心得，同时在父亲节来临之际号召全社会的爸爸们多陪伴孩子，整个过程花椒、美拍、淘宝都进行了实时直播，全方位为粉丝展现长隆乐园的海底美景。

除了发布会李锐的直播以外，长隆还联合《奇葩说》当红明星马薇薇录制《长隆奇爸说》制造热点话题，引导大家关注隐形爸爸，在

全社会对父亲最敏感的节点上将品牌主张顺利带出，并为后面"618"父亲节直播活动的开展进行了预告和铺垫。

6月18日"爸爸节"当天，李锐率30组家庭直播当天夜宿鲸鲨馆体验的全过程。

李锐和女儿跳跳一起现身鲸鲨馆，与30组家庭分享育儿心得、节目录制的花边新闻，并为家长们定制现场版爸爸去哪儿，一起做亲子游戏，为孩子和家长留下一个难忘的父亲节。

除了活动当天的直播以外，长隆还邀请了全国30名辣妈主播直播奶爸带娃体验长隆乐园，让粉丝感同身受，带领观众体验了乐园的各种趣味。这些辣妈主播平时直播的都是亲子类内容，粉丝亲密度、信任度高，为当天的活动带来了60万目标受众的精准曝光。

6月22日YY上100位脱口秀主播进行父亲节活动话题讨论，活动热度继续高涨。

长隆还在中国最大的直播平台YY上甄选了100位脱口秀主播，在6月22日围绕父亲节展开话题讨论，通过回忆与父亲度过的快乐童年呼吁大家珍惜亲子时光。该活动利用了YY网页和PC客户端的推广位优势，在直播页面上以冠名的形式传递了"618"产品促销的信息，同时通过互动区和口播放送优惠信息引导销售。这次直播的覆盖人数更是高达100万人次。

从最终的结果来看，长隆的策略相当成功，6月中旬上线的天猫旗舰店仅通过这次父亲节营销就创造了超过350万的成交业绩。

案例解析：

（1）噱头好，预热足。长隆这次的鲸鲨馆拍卖会是由天猫旗舰店发起的，为自己创造了一个新节日——"爸爸节"，借助"618"和父亲节两大热点进行推广，导流到天猫旗舰店刺激消费，可谓事半功倍。

（2）现场互动效果好。目前直播平台的内容以娱乐属性为主，长隆乐园拥有得天独厚的优势。直播活动过程更是经过精心的设计和策划，这次直播筛选了人气最高的海豚表演、花车巡游、惊艳双眼的鲸鲨馆还有世界顶级的烟火表演，这些表演引发网友弹幕评论。

（3）品牌巧妙植入。本次直播在长隆景区进行，期间又对长隆热门表演项目进行直播，引发网友弹幕评论，在直播的过程中完成品牌信息的露出。

（4）明星 + 网红 IP。在直播人选方面，李锐毋庸置疑是长隆最好的人选，《爸爸去哪儿》节目为他积累了相当高的人气，新浪微博粉丝 300多万，都是关注亲子为主的目标受众。明星直播 +30 位辣妈主播 +100名 YY 主播，目标受众精准，全方位覆盖粉丝群，长隆这次实际上是一次有策划、充分准备的真人秀。

案例 88：直播旅行，奔走在首尔的人

时间：2014 年 11 月 19 日到 23 日

平台：通过官方网站（http://www.runseoul.kr）进行直播

账号：runseoulweek

核心人物：解艺、周林槿、Aeron Trimble、Syahmi Rashid、冈崎健人

效果：节目期间由直播向选手实时传达的首尔游览任务就多达 12 万条

案例过程：

2014 年 11 月 19 日 13:00，RUN@Seoul Week 初战，直播开始，来自世界各国的 5 名选手将前往江南、东大门、南大门、龙山、汝矣岛 5 地完成网民下达的任务，进行为期 5 天的网上直播。

例如，美国选手的任务是去韩国的药令市场采购物品；中国选手谢艺的任务是在南大门吃小吃……

在此次直播中，全球观众热情高涨、参与度高，直播期间有 12 万条向外国选手实时传达的任务信息，多次出现让人捧腹的直播场景，例如让中

国选手周林槿在汉江边完成吃拉面的任务。本次活动中 5 名选手佩戴实时转播装置 Action Cam，活动期间全世界的人们都可以通过他们的镜头看到首尔的实时影像，感受到行走在首尔的乐趣。

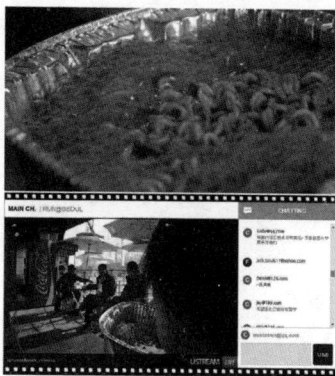

案例解析：

（1）开放的参赛者选拔制度。首尔市以全球市民为对象进行选手募集工作，以对首尔的理解度、积极性等来筛选，最终来自美国、新加坡、日本、中国的 5 位选手脱颖而出。

（2）旅游自身的魅力。旅游是永不会过时的生活元素，是年轻人在追求健康向上的生活方式和态度。

（3）代言人的影响力。活动邀请了张赫和金裕贞担任 RUN@Seoul Week 首尔全球旅游宣传大使，韩流明星强势加入，大大提高了活动的话题性和影响力。

（4）直播的互动性和趣味性。全球观众在观看直播的同时可以直接参与到互动中，奔跑者将有可能去完成观众向他传达的任务，使观众会时刻关注奔跑者的动态，跟随奔跑者间接享受首尔旅游的乐趣，若在活动期间被评为最佳任务的指挥者，还可获得丰厚的奖品。

（5）首次尝试 5 天连续直播。区别于一般的直播方式，持续 5 天直播能满足大众的好奇心，从而保持对奔跑者动态的持续关注度，维持话题热度。

案例 89：全能奇葩辩手姜思达"别 BB，带你去看迪士尼"

时间：2016 年 6 月 16 日 10:30 ～ 13:30

平台：阿里旅行、淘宝 APP

核心人物：姜思达

效果：最高在线人数过 5.5 万，累计人数过 10 万，点赞互动数过 30 万

案例过程：

2016 年 6 月 16 日上午直播开始，本次直播姜思达游玩迪士尼全过程。

一出场，主播姜思达一头橙色头发，戴着公主皇冠，身穿黑白条纹 T 恤和黑色长裙，在整个直播过程中姜思达一直自称"公主"。

在直播中，主持人拿着手机全程跟拍，由于行程安排得较为紧凑，姜思达几乎全程都是小步快走，快速游览各个景点。在拍摄过程中，姜思达所遇到的任何"意外"都会被拍摄下来，为防"冷场"，主持人时不时在旁插话逗乐。

下午一点左右，直播已经没有太多的实景可拍，姜思达直接拿过手机对着脸自拍，做出各种表情，打破一贯高冷，并自嘲"没想到我要卖脸"。

本次直播一分钟时间就收到 1 万个赞。在姜思达入园后 45 秒就吸引了 2000 人观看，最高在线人数过 5.5 万，累计人数过 10 万，点赞互动数过 30 万。

在姜思达部分结束后还有三名美女网红先后接过直播接力棒，最后一位美女网红"2泽"还进入迪士尼玩具总动员酒店，对客房进行展示介绍。

案例解析：

（1）核心人物知名度较高。姜思达作为目前最火的网络综艺节目《奇葩说》的顶尖辩手，其独特的说话风格以及鲜明的个性吸引大批年轻粉丝群体，年轻人也正是直播的主要用户群，直播一经公布便引起了不小的轰动。

（2）迪士尼本身就是一个极为热门的 IP。直播可以让粉丝更近距离、更直观地感受迪士尼现场，相比传统的广告模式，旅游直播通过展示主播游玩的各种现场实况可以让观众获得比图片和文字更真切、更有参与感的感知体验，更可以促进流量转化。

案例 90：韩冰将再次亮相"在直播（LiveApp）"，带领直
　　　　 播观众们深度游泰国

时间：2016 年 7 月 2 日到 7 日

平台：在直播

账号：暹罗韩冰

核心人物：韩冰

效果：每次直播在线人数为 2～3 万人

案例过程：

2016 年 4 月 16 日到 20 日，韩冰多次亮相"在直播（LiveApp）"，为大家直播他在泰国旅游时的所见所闻，例如逛夜市、坐游轮、骑大象、做沙拉，还有热闹的芭提雅泼水节及人妖秀……人气爆棚的他一出现就能在两分钟之内冲上直播热门榜，每次直播都能引来 2～3 万人围观。

7 月 2 日至 7 日，《世界青年说》节目的泰国代表韩冰化身导游现身"在直播"，从曼谷一直到芭提雅给观看直播的网友们推荐两地之间最佳的游玩路线、最合适的交通工具、最地道的当地美食以及最经济舒适的游玩方式，连续 6 天不间断的直播非常完整地展示了游玩路线。

在这次直播过程中，韩冰游玩了玉佛寺、暹罗广场、大皇宫、真理寺等"必去景点"，推荐了泰国水上市场、芭提雅夜市等当地特色体验项目，还介绍了一些更浪漫、新颖的玩法。在 6 日的直播中还和几位游客共同租船出海，游览了芭提雅的各个小岛，在直播中他根据网友弹幕中的提问详细介绍了租船的价格、时间以及服务内容。

案例解析：

（1）在此次直播中粉丝们除弹幕刷屏互动外还不断刷金条、送礼物，这些礼物折现后的钱就是韩冰此次慈善活动的经费来源。"在直播（LiveApp）"与韩冰此次合作公益项目让我们看到了直播的又一大爆发点——跨界公益。直播—打赏—变现—捐款—反馈，这一过程为其他公益组织与直播平台的合作找到了全新的运行模式。

（2）此次"在直播"与韩冰的合作让网友们得以从另一角度走进泰国、了解泰国，体验原住民的独特生活方式与娱乐方式。这种方式也是直播＋旅游的一种新方向，不是走马观花的景点，而是用 Local 大 IP 带顾客进行更深层次的了解。

（3）"在直播（LiveApp）"此次和韩冰的合作不仅给粉丝们一个和偶像亲密接触的契机，还让我们看到了直播和明星的多样结合点。当大多数平台还花大价钱请明星来自己平台做"快餐直播"的时候，直播＋的更多可能和深度内容的探索才是这个内容为王的时代所真正需要的。

3.11　直播+电竞游戏

案例 91：周杰伦组建 J 战队入驻龙珠直播，征战电竞赛场

时间：2016 年 6 月 20 日到 25 日

平台：龙珠直播

账号：J 战队

核心人物：周杰伦

效果：龙珠直播官方 J 战队主页，战队选手不定期直播，为龙珠直播吸引了大批粉丝关注

案例过程：

2016 年 4 月 19 日，周杰伦在英雄联盟代言活动记者会上宣布收购 S2 冠军队 TPA，并正式更名为"J 战队"，向电竞圈进军，征战世界职业联赛。

6 月 20 日，龙珠直播官方微博宣布周杰伦率 J 战队入驻龙珠直播，并于当天在龙珠进行 J 战队首播。

　　6 月 20 日到 25 日，战队选手每天在不同时间段进行直播，之后为不定期时间开台直播，吸引大批周杰伦粉丝及游戏粉丝在龙珠直播平台围观。

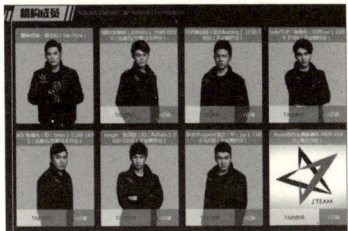

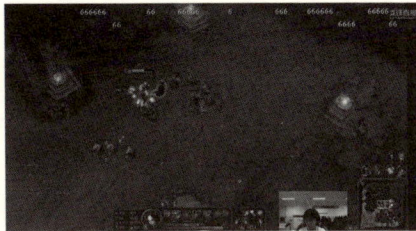

　　案例解析：

　　对于游戏官方与直播平台来说，周杰伦带领 J 战队入驻龙珠直播是一次互赢的传播。

　　（1）周杰伦作为英雄联盟代言人是一个超强 IP 资源。他入驻龙珠直播，游戏得到推广，也为龙珠直播平台与英雄联盟游戏之间就代言人方面的合作搭建了桥梁，J 战队作为游戏战队，直播平台与游戏官方也可达成部分合作，例如游戏官方比赛的转播权益。

　　（2）综艺性。明星入驻是增加游戏直播平台综艺性的主要方式，明星带来了大量的粉丝以及话题，为平台提供了大量娱乐性质流量曝光。此次周杰伦入驻龙珠直播在粉丝群体中引起大量关注，粉丝主动传播直播内容，带来大量流量。

　　（3）竞技性。竞技是游戏直播平台的生存之本，J 战队作为曾经的英雄联盟冠军队在游戏竞技方面具备超强优势，他们的游戏直播具备超强的竞技性与观赏性。

案例92：周杰伦LOL直播首秀引千万粉丝观看

时间：2015年8月4日晚上

平台：龙珠直播

账号：龙珠直播官方直播间、英雄联盟客户端

核心人物：周杰伦

效果：在线观看人数达到1300万人

案例过程：

2015年8月4日晚，英雄联盟最新的代言人周杰伦在龙珠直播平台进行LOL直播首秀。

周杰伦携手娃娃、Miss、个人助理以及保镖组成一队，与5位幸运玩家进行对战。

在活动开启之前，英雄联盟官方以及周杰伦官微就进行了明星召唤师的预热，引起广大游戏玩家的猜测、讨论。

在直播开始之前已经有超过50万的观众，直播开始时，页面先播放了周杰伦演唱会的一些片段，进入游戏后周杰伦还分享了一些以前

的游戏趣事，引发观众弹幕讨论。

据统计，11:20 同时在线观看人数达到 600 万，11:30 达到 800 万，最终超过 1300 万。

后期搜索发现，"周杰伦 LOL"相关的微博 20 多万条，最主要的两条微博转发量 1 万多条，却引来了 1700 多万的英雄联盟直播关注量，由周杰伦明星效应带来的热度可想而知。

不过，在直播过程中由于观看直播的人数过多，而直播资源为龙珠直播独享，开播后服务器一度崩溃，无法观看。

案例解析：

（1）核心人物拥有极高的知名度。一方面，周杰伦作为亚洲天王粉丝众多，周杰伦身为一名英雄联盟玩家对于代言推广《英雄联盟》这款游戏有天然的优势；另一方面，他的两位搭档：娃娃、Miss 均为当今游戏解说界知名解说，拥有极高的人气，三人同台，既能保证游戏质量，又能达到不错的直播效果。

（2）直播效果出众。首先，整个直播为 LOL 游戏提升了曝光量，吸引了更多玩家；其次，为龙珠直播平台增加了曝光度和影响力。

案例 93：林俊杰端午直播《守望先锋》，张怀秋试水，张书豪调侃围观

时间：2016 年 5 月 28 日深夜

平台：熊猫 TV

账号：林俊杰

核心人物：林俊杰

效果：直播观看人数达到 30 万人次，增加了《守望先锋》的知名度

案例过程：

2016 年 5 月 28 日 23 点左右，人气偶像林俊杰在熊猫 TV 直播《守望先锋》，粉丝们反响强烈，虽然当晚只直播了 50 分钟，但是吸引了 30 多万人围观。

在直播过程中，林俊杰先不断向好友张怀秋"安利"《守望先锋》这款游戏，也向粉丝们介绍了这款游戏的玩法，之后便与粉丝们聊天互动。在直播过程中，粉丝们还调侃林俊杰的好友，让张怀秋帮林俊杰倒水。

本次直播是林俊杰直播《守望先锋》首秀，同时林俊杰好友张怀秋、张书豪一起陪同直播，多家媒体针对这次直播进行了报道。

案例解析：

（1）林俊杰自带强大的 IP 资源。明星直播的优势在于明星本身自带 IP 属性。林俊杰作为当红偶像拥有庞大的粉丝基础，加之这也是林

俊杰直播《守望先锋》首秀，吸引了大量粉丝观看。

（2）当前最火的游戏 IP——《守望先锋》。《守望先锋》一上线就被广大游戏玩家奉为"毒品"，可见其受欢迎程度。

（3）与明星近距离互动的直播体验。对于粉丝来说，这次直播是与偶像近距离接触的机会，直播平台营造的氛围让粉丝身临其境，增强了直播的互动性。

这次直播也反映出明星直播存在的问题——粉丝的精准度不高。观看直播的粉丝都是冲着林俊杰的个人魅力来的，对于直播过程中植入的广告内容并不敏感，可以说声量很高，但是转化不足。

案例 94：陈赫与安德罗妮对战，直播"打"老婆

时间：2016 年 6 月 29 日晚上 7 点

平台：虎牙直播

账号：陈赫直播间

核心人物：陈赫

链接：http://v.youku.com/v_show/id_XMTYyNjM0NDQyMA==.html

效果：1 小时直播带来超 800 万人次的观看，最高同时观看人数超过 60 万

案例过程：

6 月 29 日晚 7 点，直播开始，画面直接切入陈赫、安德罗妮、萌太奇等人直播打炉石传说的画面，双方开始第一局的游戏，陈赫获得首胜。

在 0:1 落后之后，安德罗妮开始奋起直追，双方也在打游戏的过程中互相调侃，直播现场气氛轻松、活跃，陈赫在第二局再胜一局。由于萌太奇作为安德罗妮的夫人，为这场直播又带来了一定的看点。

随后的直播就开始了陈赫和安德罗妮的第三局游戏，安德罗妮扳回一城，不过大比分 2:1，陈赫赢了这次比赛。

在此次直播中，网友的参与互动热情十分高涨，在陈赫获胜阶段的直播中屏幕几乎被弹幕霸占，刷满了 6666，结尾时双方共同给粉丝送出大礼。

案例解析：

（1）明星效应，知名度高。首先，陈赫自《爱情公寓》播出后吸粉无数，且此前陈赫在虎牙直播平台有一定的粉丝积累；其次，安德罗妮和萌太奇作为游戏主播本身就有粉丝基础，这对此次直播的观众人数打下了基础。

（2）直播平台选择恰当。虎牙直播一直主打游戏直播，是游戏直播六大平台之一，选择在虎牙进行直播关注度高。

（3）直播看点充足。首先，明星直播本身具有一定的看点；其次，安德罗妮与萌太奇之间的关系引人猜测，加上宣传标题"打"老婆，看点十足，引人关注。

3.12　直播+汽车

案例 95："知豆 D2 · 城市微行者"上市发布会直播

时间：2016 年 6 月 23 日

平台：微吼

账号：知豆汽车

核心人物：主持人 cici

视频链接：http://e.vhall.com/273924836

效果：观看人次超 2.5 万

案例过程：

知豆电动车是知豆旗下的一款电动车，"知豆 D2 · 城市微行者"新车上市发布会于 2016 年 6 月 23 日举行。

主持人开场之后，首先由知豆电动汽车有限公司的总裁鲍文光为发布开场致辞，并向大家介绍了知豆汽车的 5 次崛起历程。

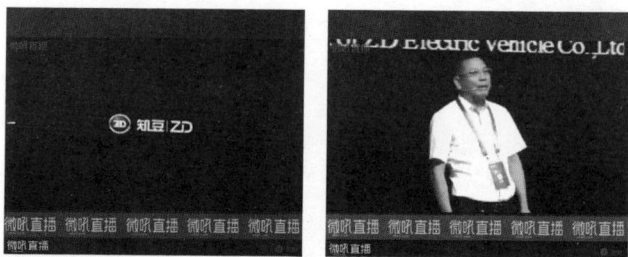

接着担任《最强大脑》科学导师的魏坤琳博士和演员 Mike 隋分别从自己的实际感触出发，为大家分享了各自对于微行理念的理解，并倡导节约能源，人人有责。此外，他们还表达了对知豆 D2 的支持与祝福。这两位极具"观众缘"的帅男从一亮相就引爆全场，把活动气氛推向高潮。由此可见，对于科技行业直播发布会，颜值也是非常重要的。

然后知豆全球首席设计师帕奇为大家讲述了"知豆汽车研发设计之路"，内容包括知豆汽车设计团队的奋斗历程和知豆汽车的设计灵感。

最后知豆电动汽车有限公司的副总裁金为民宣布了知豆汽车全国经销商正式开业的相关事宜，微行理念的传播渠道自此全面建立。与此同时还举行了知豆·城市微行者联盟结盟仪式，来自社会各行业的精英代表共聚一堂，在吉利控股集团董事长李书福的倡议下向全社会发出绿色出行、环保出行的号召，呼吁更多的人加入到微出行的行列。

案例解析：

（1）直播平台的选择合理。本次发布会选择了微吼直播，微吼直播作为国内在商务直播领域最专业的平台，在内容输出上可以达到电视的水准。从 D2 发布会直播可以看出，有别于其他娱乐直播的随性、镜头混乱等现象，微吼直播呈现的画面清晰且连续。

（2）增加更多曝光。本次直播吸引了 2.5 万人观看，大大延展了线下场地对人数的限制。

案例 96：凯迪拉克性能秀第五季在济南启动，直播 4 小时 8 万人观看

时间：2016 年 5 月 28 日

平台：斗鱼 TV

账号：BellaBaby_彤彤、成靓欢 haimi

核心人物：斗鱼 TV 网红

效果：直播 4 小时 8 万人观看

案例概要：

北京时间 2016 年 5 月 28 日，凯迪拉克在济南召开新闻发布会，本次发布会是全年四场发布会的"开头炮"，凯迪拉克选择了斗鱼 TV 独享发布会现场直播的权力。当天，两位美女主播在斗鱼 TV 全程直播，4 小时获 8 万网友围观。

案例过程：

2016 年 5 月 27 日，在发布会启动前一天，斗鱼 TV 直播平台率先发布直播预告，美女主播即将在济南现场直播 PK。

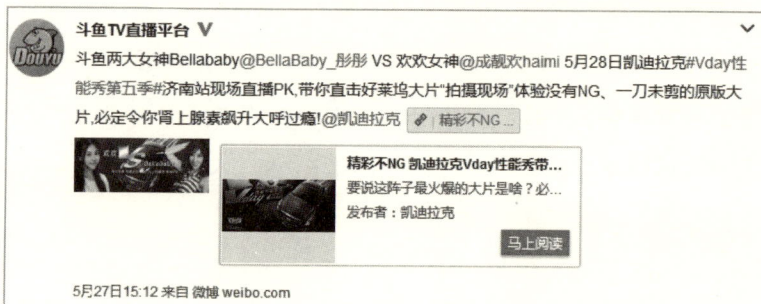

另外，在活动过后凯迪拉克微博官方平台也对此次活动内容进行了报道。

2016 年 5 月 28 日，凯迪拉克携手好莱坞特技团队和斗鱼 TV 对凯迪拉克第五季 Vday 性能秀的盛况进行直播。

5 月 28 日上午 11 点，先由两位美女主播展示了凯迪拉克 ATS-L 的内饰和功能，再通过直播向网友展示了凯迪拉克的特技飞跃表演，主播还亲身参与到特技表演当中。

在直播过程中，两位主播在活动场地与网友进行各种游戏互动，让网友与凯迪拉克"近距离"接触，同时又有汽车模型、徽章以及门票等小礼品赠送，直播 4 小时获 8 万网友围观。

案例解析：

（1）汽车营销战略新维度。此次凯迪拉克与斗鱼 TV 直播强强联手进行新品发布活动全程直播，无疑是凯迪拉克年轻化汽车营销战略的亮眼体现。

（2）巧用直播平台优势。斗鱼 TV 拥有大量的年轻用户群体，能为凯迪拉克新品发布直播带来可观的流量和精准的年轻用户。

（3）巧用网红效应优势。网红直播带来的最大优势是高转化率，主要得益于其精准的目标人群，而网红美女主播也能为凯迪拉克带来大量年轻消费群体的关注。

（4）视觉效果震撼。凯迪拉克携手好莱坞特技团队为本次新闻发布会的新车性能展示保驾护航，整场直播给人的印象是直观、形象。

案例 97：途虎养车与德国马牌共邀美女主播与轮胎技术大咖直播马牌轮胎的故事，带网友感受德国"匠人"工艺

时间：2016 年 6 月 15 日傍晚 19:00

平台：花椒直播

账号：途虎养车工厂

核心人物：轮胎技术大咖 + 美女主播

视频链接：http://www.huajiao.com/l/17335614

效果：超过两万网友观看，收获 50 万点赞数

案例过程：

2016 年 6 月 15 日，途虎养车与德国马牌携手打造了轮胎界的首

场直播秀，除了直播标配的美女主播外，还有两名马牌轮胎的工程师全程参与，独家揭秘了马牌工厂背后的故事，带领一大波网友感受了不同凡响的德国"匠人"工艺，获取了极高的关注度。

直播开始后，主播一边与观众互动一边对双方品牌进行了介绍，并引导观众下载途虎APP参与互动赢取精美礼品。

在直播现场马牌工程师为观众介绍马牌轮胎的特性及功能，讲解轮胎的使用注意事项及日常保养常识，并现场将轮胎切断，向广大网友展示其内部构造。

（直播现场，图片来源于"http://qz.china.com.cn/qiye/2016-06-17/75219.html"）

（德国马牌轮胎的工程师在认真讲解轮胎，图片来源同上）

之后途虎技师现场更换轮胎，展现了途虎养车的专业性与服务的高质量。在直播过程中主播不断与观众互动，引导话题；马牌工程师与途虎技师一起在线解答了观众对于轮胎的使用、保养与更换问题。

途虎养车与德国马牌首次将轮胎和汽车市场服务纳入直播内容，吸引了一大批年轻车主在线观看，拉近了品牌与年轻用户的距离，引发了行业内的讨论热潮，作为垂直领域营销的成功范例具有重要的借鉴意义。

（途虎养车技师更换轮胎，图片来源同上）

案例解析：

（1）内容实用。相较于许多内容空虚、不知所云的直播，本次直播内容实用、干货满满，吸引到许多迫切需求和潜在需求的车主受众，为后续的直播赢得了良好的口碑。

（2）平台的选择。选择与品牌年轻化营销策略相符的直播平台，吸引年轻一代消费者，挖掘新生代的消费潜能，与他们产生联系。

（3）形式的选择。采用直播的形式辐射到更广的人群，大大减少了受众对品牌认知的成本。

案例 98：海马 S5 试驾——天猫直播

时间：2016 年 6 月 18 日

平台：天猫

账号：上汽荣威

核心人物：邱小铖、Tina

视频链接：http://share.laiwang.com/s/4tSTr?tm=53a9db

效果：产生近 800 条互动

案例过程：

海马 S5 是海马汽车与意大利 LD'A 设计公司合作设计的一款兼具操控与燃油经济的实用性能 SUV。2016 年 6 月 18 日天猫粉丝狂欢节，知名汽车自媒体人邱小铖和美女主播 Tina 给广大网友带来了海马 5S 的专场试驾直播。

本次发布会的直播平台是天猫商城直播，天猫商城作为电商平台涉足直播领域，拥有强大的流量以及导流能力。

6 月 17 日，上汽荣威与自媒体人邱小铖、美女主播 Tina 进行了直播预告，并通过网络媒体发稿，进行直播预热。6 月 18 日，在直播正

式开场之前，上汽荣威以及邱小铖通过直播进行了探班预热，正式开场之后，上汽荣威账号提醒观众参与直播互动将有机会获得礼品。

在直播现场，主播 Tina 以及海马 S5 汽车的工作人员共同介绍了海马 S5 汽车，并主持本次试驾直播。

主播 Tina 通过直播直接将试驾体验与网友分享，并实时与网友们进行互动反馈，同时也与网友进行互动有奖答题。

主播 Tina 在现场还采访了前来店里购车的消费者，通过直播的形式与网友观众分享了购车人士对海马 S5 的真实想法，专业的汽车解说加上美女主播的网络直播开创了全国汽车行业先河。

网友不仅可以通过天猫直播了解汽车的相关情况、赢得主办方准备的精美礼品，还可以在海马汽车天猫官方旗舰店享受到一个非常大的优惠政策。海马 S5 的市场定位主要针对年轻消费者，网络直播的传播受众也和目标消费者高度契合，这一次海马汽车的营销层面可谓是独具慧眼。

海马 S5 与天猫直播借助"618"粉丝狂欢节的超高人气把视频直播的人气推到了一个全新的高度，在长达 70 分钟的试驾直播中有将近 800 条网友留言互动，几乎每五秒钟就有一个 ID 在发言，可见其火爆程度。

案例解析：

（1）直播平台的选择合理。本次发布会选择了天猫商城直播，天猫商城作为直播领域的一匹黑马，依托于自身电商平台强大的平台资源及导流能力能将产品通过直播展示的形式与电商销售平台打通，便于网友在直播中直接购买。

（2）方式新颖。发布会在前期两次预热以及企业方与 KOL 主播合作模式上的创新值得其他企业学习探索。

案例 99："寺库豪车 × 兰博基尼"线上首发仪式

时间：2016 年 5 月 16 日傍晚

平台：微吼

账号：寺库

核心：一键买豪车

核心人物：寺库创始人兼 CEO 李日学先生

直播视频链接：http://e.vhall.com/145819062

效果：1.8 万人次观看

案例过程：

2015 年 12 月，玛莎拉蒂与寺库豪车平台首次合作，10 台玛莎拉蒂的新品 SUV 全球首发，1 小时售空。

2016 年 5 月，寺库（Secoo）联手兰博基尼上海中心举行线上平台首发仪式，一键买豪车成为现实。

5 月 13 日，悬念预热推广开始，微吼时代公众号发布微信预热内容——"全场只有他开着飞机来看兰博基尼"，寺库豪车耗时三个月倾力打造，只有 80 位顶级 VVIP 被邀请，一场"被加密"的发布会曝光第一张倒计时海报；同时开始推广直播线上互动，在直播期间，只要参加互动评论，竞猜神秘"嘉宾"身份，就有机会获得兰博基尼专属送宾服务。

5 月 14 日，微吼时代公众号发布"寺库豪车 × 兰博基尼"线上首发仪式倒计时两天内容并曝光活动的第二张倒计时海报。

5月15日，微吼时代公众号发布"寺库豪车 × 兰博基尼"线上首发仪式倒计时一天内容并曝光活动的第三张倒计时海报。

5月16日18:30，只有80位顶级VVIP被邀请，一场"被加密"的发布会线上直播正式开始（发布会全程中英文结合）。

直播开始后，直播主持人介绍了本次参与发布会的嘉宾，并邀请寺库创始人兼CEO李日学先生致辞。

本次活动中，现场嘉宾需要用手温开启被加密的邀请函，同时寺库（Secoo）成功地将"海陆空"私人豪华交通工具连接在一起——寺库集团CEO李日学先生乘坐意大利全进口的顶级游艇穿越黄浦江抵达现场；发布会期间，主角兰博基尼Huracán LP 580-2冲破水幕炫酷登场；在发布会最后，寺库还为一位用户现场举行了一次特别的私人飞机"交机仪式"。

案例解析：

（1）悬念预热。从2016年5月13日开始预热到5月16日直播，持续三天的悬念预热，"全场只有他开着飞机来看兰博基尼""只有80位顶级VVIP被邀请，一场'被加密'的发布会"，这些悬念最大程度地吸引了网友的关注，保证了观众人数，这也是一场直播成功与否的第一个关键数据。

（2）发布会创意。本次发布会与乐视合作，打造首次大规模VR全景直播；现场嘉宾需要用手温开启被加密的邀请函，这些创意亮点也保证了整个直播的观看人数。

（3）直播互动。在直播期间只要参加互动评论，竞猜神秘"嘉宾"

身份，就有机会获得兰博基尼专属送宾服务，这些策略保证了直播过程中粉丝的线上互动频率。

案例 100：《时尚先生》直播四位男明星为新一代 MINI CLUBMAN 拍摄时尚宣传大片

时间：2016 年 5 月 15 日到 17 日

平台：映客直播

账号：时尚先生 Esquire

核心人物：井柏然、阮经天、秦昊、杨祐宁

效果：超 530 万人次观看，在线观众最高达 20 万

案例过程：

2016 年 5 月，MINI 联手《时尚先生》杂志"用影像定义新绅士"，选定井柏然、阮经天、秦昊、杨祐宁作为拍摄主角，在映客上进行连续三天的直播宣传大片的拍摄现场。

直播前期的预热动作并不多，主要是由 MINI 官方微信和《时尚先生》的官方微博、官方微信发声。

2016 年 5 月 12 日，#从文艺青年到新绅士#话题预热，"用影像

定义新绅士"拍摄计划曝光。MINI官方微信"绝对MINI"发布图文，预告将与《时尚先生》杂志合作，邀请四位男演员拍摄一组时尚大片，并公布了选择男演员的标准——有颜值、有实力、有思想、新绅士，定义了MINI的用户群特征，表达了品牌内涵和产品优势。图文最后，官方微信利用留言区征集粉丝的问题。另一边，@时尚先生Esquire发布微博，表示概念大片即将开拍，他们将收集评论里的几个提问让井柏然在直播时回答。

5月13日和14日，微博话题升温，官方公布直播安排。5月13日，@时尚先生Esquire发布了数条微博，向井柏然、阮经天、秦昊、杨祐宁的粉丝收集问题，为话题#从文艺青年到新绅士#做直播前的升温。5月14日，MINI和《时尚先生》在微信上同步发文，以男神们即将"秀腹肌"撩粉丝，做直播前的最后一次预告，发布了映客号和四位男明星分别直播的时间，公布本次拍摄计划的摄影师、造型、美术指导以及片场的搭建照片。

为了不影响拍摄，主播以"探班"的视角为观众展现明星的情况和拍摄进展，回复观众的留言。随着在线观看人数的增加，主播每隔一段时间就会介绍活动背景、品牌合作方，并引导观众在评论区提问、分享直播链接。

主播以车迷身份表达对MINI CLUBMAN的

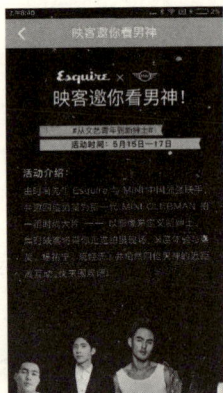

喜好，适时口播这款车的产品性能和特点，并拍摄汽车的外观；同时，主播也会挑选与 MINI 相关的提问进行回复。

在每个男演员直播结束的时候，主播都会再次介绍"用影像定义新绅士"的拍摄背景，预告下一场直播。在直播期间，主播也将明星与品牌结合起来，比如在秦昊拍摄间隙，主播简短地采访了他乘坐 MINI 的感觉，秦昊回复"特别舒服"；在阮经天的直播快要结束时，给观众提前看了阮经天当天拍摄的原片。

在直播结束后，为了让活动维持存在感，5 月 20 日 MINI 和《时尚先生》分别在官方账号发布了拍摄花絮、GIF 动图和正片预告。5 月 26 日，MINI、《时尚先生》"一条"如约发布正片，微信阅读量均过 10 万。

5 月 27 日，四位男演员在微博几乎同时发出自己的拍摄正片，并带上了 #从文艺青年到新绅士# 的话题。随后 MINI 在朋友圈投放了"用影像定义新绅士"的 H5，走心的大片和文案又引来了一波口碑传播的高潮。

案例解析:

（1）借势明星。MINI 借用了明星的力量将"新绅士"的产品印象通过大片向受众传播，达到了"和明星一起创造内容、灵感和价值"的效果。

（2）二次传播。本次 MINI 联合《时尚先生》试水直播，重点有两个，一是直播前话题炒作，制造围观；二是直播后的二次传播，用内容营销打动受众。在直播结束后的两个月内，42 张大片仍不时出现在社交平台。MINI 充分利用了大片拍摄直播，挖掘并展示了品牌内涵和故事。可以说，MINI 和《时尚先生》把"用影像定义新新绅士"大片拍摄当作了一次电影营销来小试牛刀。

直播这一新兴的传播方式已经渗入我们的生活中，不少明星、个人、企业都加入了直播大队伍。直播相较于以往的传播方式最大的优势在于可以实时与用户进行互动，增加粉丝的黏性，不少企业基于这一点纷纷加入直播平台。未来随着直播的不断发展和完善，"直播＋"的概念将更加深入人心，"直播＋"的形式将会更加多元化。

第4章
直播战法篇：掌握战法才能独步天下

4.1 直播战法

直播作为一款集真实、高效、互动于一体的传播工具，目前已具备与明星、品牌、企业跨界合作的基础，为很多企业和商家所利用。日渐旺盛的商业需求也催生了移动直播平台的竞争，目前移动直播变现能力与传播效果惊人，新增了虚拟物品付费，不再局限于普通用户充值和送礼。

移动直播兴起的时间不久，但发展迅速，直播依托于社交和网络的传播优势已成为品牌和企业活动发布的新兴平台，是实现商品销售和流量转化变现的利器。目前各大企业和主播们都在观察与探索，我们相信各大品牌势必看中直播成本低、转化高的特点，从而将企业宣传的主场转移到直播平台上来。

徐扬曾提到衡量商业直播是否成功有 5 个维度，即在线人数、直播币、送礼榜、分享榜、时长榜。

我们在实践中不断地摸索和总结商业直播模式，一种是企业直播，一种是企业家名人直播，并根据不同类型总结出不同的战法，例如企业家高管直播 6 步法、企业直播号 5 步法，下面详细介绍这两种战法。

4.1.1　企业家高管直播6步法

移动直播给了很多人展示自我的机会，粉丝找到了一种全新的与他们互动的方式，对于他们喜爱的明星，不用花高额价钱买门票就能通过直播平台一睹偶像的风采；对于他们仰慕的企业家、名人，他们也不再苦于没办法近身交流，通过网络即可面对面交流。小米 CEO 雷军对直播表现出极大的热忱，小米无人机的发布会采取全程纯直播模式，把发布会搬到了包括小米直播在内的 27 个平台上。雷军在介绍小米无人机性能的同时不忘向观众索要鲜花、跑车和游艇，甚至号召公司高管为他的直播刷车队。据说仅小米直播平台上就有超过 50 万观众围观，一直播更是超过百万。

企业家高管直播带来的巨大传播声量让众多企业都跃跃欲试，但显然不是每一位企业高管都能轻松搞定一场直播，它必须经过周密的策划和安排，我们总结出了企业家高管直播 6 步法，即定位、内容、奖品、导流、互动、包装。

定位	内容	奖品	导流	互动	包装
平台选择	首秀引爆	奖品送出节点	自媒平台阵地	口播互动持续性	素材二传二包
高管角色	常规互动	首波预热	公关阵地	答疑表谢真诚性	
内容特色	热点分享	刺激分享	线下门店	问题跟进及时性	
场景形式	抽奖话术	打赏送礼	直播官方阵地	引导关注实时性	
出镜形象	品牌事件	关注时长	明星网红站台	利益刺激定期性	
时间频次		人数突破	……	管理飘屏定时性	
语种形式		奖品植入方法			
		高管口播			
		评论飘屏			
		场景道具			

1. 定位

随着互联网技术的发展和移动网络通道的提速，移动直播平台如雨后春笋般涌现，每个平台的定位和模式都不一样，要做一场成功的直播首先要找准定位，包括平台选择、高管角色、内容特色、场景形式、出镜形象、时间播次和语种形式。

（1）平台选择：确定该次直播适合在哪个主流平台开播

1）一直播：新浪背景，以直播内容定位，通过大批明星导入吸引大量粉丝关注，85 后、90 后用户居多。

特点：微博导入高流量，名人号召黏性高。

2）花椒：360 背景，偏秀场泛娱乐直播，以商业 + 网红美女直播居多，有引进 VR 技术，年龄在 27 以下居多。

特点：VR 对接场景需求，自栏目丰富强合作。

3）映客：定位全民泛娱乐直播，草根网红、三四线艺人居多，自由职业者居多，人群以 90 后、95 后为主。

特点：帅哥、美女多，适合年轻化产品。

4）斗鱼：腾讯投资用户定位游戏电竞，现内容逐渐趋于丰富，用户整体偏年轻化。

特点：用户基数大，主播资源成熟。

（2）高管角色：适合以什么样的内容特色与用户对话

1）学术派：学术派适合讲专业，以领域及业内丰富的知识见长，与用户深入互动某一项专业技术，比如罗辑思维的罗振宇。

2）娱乐派：娱乐派适合讲故事，以诙谐自黑的方式与大众沟通，经得住用户的调侃，比如茵曼创始人方建华。

3）偶像派：偶像派适合讲才艺或者泛娱乐内容，以接地气的方式与大众沟通，企业代言人居多，以靠颜值及个人魅力吸引大众关注，比如聚美陈欧。

（3）场景特色：在什么样的场地与用户沟通

目前的直播按照设备大体上可分为固定类和移动类，固定类多以专业直播为主，对设备的要求相对较高，需要专门的三脚架、摄像机和专业的收音设备；移动类多以移动直播为主，只需要一台手机、一个简单的固定手机的支架即可。

无论是专业直播还是移动直播，背景场地作为同时与主播出现在观众视线中的一环也是信息传播的一大重要途径，目前玩直播的企业和商家都比较注重背景场地的设置。

以下为各大佬直播类型示例：

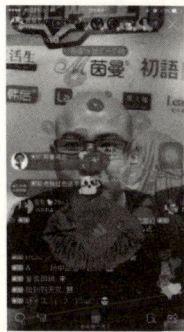

专业的主题景版　　电视投影幻灯版　　会议室海报版　　专业会议背景版

（4）出镜形象：以什么样的服饰、妆容呈现在用户前

服饰反映一个人的内涵修养，传达一个人的偏爱喜好。主播出镜的衣着服饰应随直播类型和内容的不同而改变，主播服饰作为直播构造因素之一应与直播的主旨相协调，通过冷暖色调的变化或者休闲与正式之间的转换来配合和衬托直播活动，目前主播的服饰风格主要有以下 3 种。

1）休闲便服：休闲便服适合娱乐轻松类的主题话题讨论，便服给人生活化的形象，可拉近与沟通对象间的距离。

2）简约正式服装：简约正式服装适合演讲主题，偏正式化，类似新品发布、行业干货等。

3）专业服装：专业服装适合有个人鲜明特色的企业大佬，分享互动个人才艺类内容。

休闲便服　　　　　　　简约正式服装　　　　　专业服装

（5）时间/频次：根据个人喜好择优从终

开播时间、频次和提醒也是一门学问，它们直接影响直播内容的实际达到率；开播的频次与活跃度直接挂钩，最好能保证定期互动；直播间目前主要依赖用户主动获取，一般需要多次提及和广泛传播才会被更多的用户接收，为保障用户及时收看，必须做好直播前的提醒，我们根据实践经验总结出一些规律。

1）开播时间：20:30 ~ 00:30，活跃度高，用户关注度强。

2）开播频次：一周/1 ~ 2次，定期定点保持沟通。

3）开播提醒：5预1热半天提1小时倒计时，即直播前5天预告，提前1天预热，提前半天提示，开播前1个小时提醒。

（6）语种形式

依据大佬个人风格慎重选择方言、普通话、英语、古文……但切记形式固定、风格的延续，切勿随意发挥。

2. 内容

随着企业大佬的加入，移动直播这把火越烧越旺，进入了群雄争霸期，当前大部分直播平台或主播都有自己的内容特色，以期吸引更多用户，夯实用户基础。

关于企业高管直播的内容，我们将从五大维度讨论。

（1）首秀引爆：大佬首次直播干货内容要点罗列，例如创意分享、网红经济话题、个人技巧类，但只有干货内容还不够，助阵嘉宾及首秀奖品设置对于活跃直播间的气氛和吸粉也是必不可少的环节。

（2）常规互动：周系列互动主题话题，比如行业干货、经验技巧等。

（3）热点分享：热点话题的穿插沟通，讨论用户关注的话题，主动拉近与用户之间的距离。

（4）抽奖话术：抽奖环节也需经过周密设置，根据直播内容的不同设置不同类型的引导话术。

（5）品牌事件：直播品牌重要活动直播，线下可随机挑选幸运客户派发礼品。

3. 奖品

直播活动的奖品切忌随便派发，在什么时间送出礼品以及品牌的植入形式都需仔细考量。我们总结出送出礼物的 5 个节点和植入形式的 3 种选择。

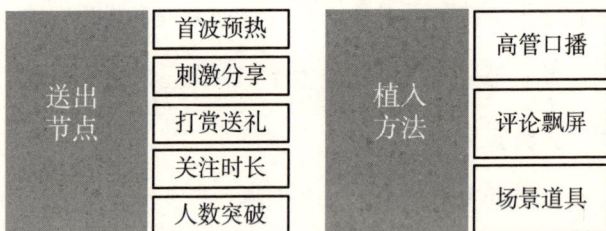

送出节点		植入方法	
	首波预热		高管口播
	刺激分享		评论飘屏
	打赏送礼		场景道具
	关注时长		
	人数突破		

4. 导流

直播虽火，但由于兴起的时间较短，直播平台的自有粉丝数量较少，直播活动一般从其他媒体平台导入，并且目前的宣传也大多停留在外围推广阵地。那么从各平台阵地导入有哪些要点呢？

（1）自媒平台阵地

首先是直播号提醒，分别在开播前 7 天、1 天和直播当天 1 小时前进行提醒。

其次，在直播过程中进行链接分享，将直播地址链接分享至 QQ 群或者微信群。

最后平台同步，开奖截图信息同步微博平台。同步开奖信息有利于吸粉，扩大传播声量。

（2）公关阵地

1）直播号提醒：开播前将直播地址链接和直播主题提前发布，提醒大家关注。

2）二次传播：直播活动结束后分析和总结整个活动，并加以宣传推广，对活动的整体效果进行包装输出。

（3）线下门店

直播号提醒：在开播前线下门店可利用易拉宝等形式在线下宣传直播活动，为直播活动预热。

（4）直播官方阵地

在直播官方平台（例如花椒、一直播、映客等官方网站的首页或者焦点图区）进行推荐，提高被观众接触的几率，同时也可进行微博同步推荐，扩大传播声量。例如打开花椒官网首页即可看到《财神驾到开盘啦》正在直播的提示，观众可直接点击观看；打开花椒手机客户端，焦点区正在滚动播报"王大陆首尔粉丝见面会"直

播活动预告；7 月 12 日，微博网红 papi 酱直播首秀，在 7 月 10 日，花椒官方便在微博上推送了信息预告，在直播过程中也有同步动作。

（5）明星网红站台

直播号提醒：开播前 1 天，直播当天 1 小时，明星网红站台注意发布与直播活动相关的信息，提醒大家关注直播号。

平台同步：开播后及时在各个平台更新在线观看人数，比如人数突破 XX 万 / 开奖等。

总结：直播前可发布信息预告，包括直播账号和嘉宾，借助嘉宾的 IP；在开播时可直接分享直播链接，提醒用户直接点击进入。

5. 互动

移动直播不同于文字传播，互动性极强，互动的火爆程度直接体现直播活动的成败，互动越火爆，主播的状态越好。

以下是我们总结的在直播中与用户互动的 6 大要点。

（1）口播互动持续性：在口播中注意避免冷场，实时欢迎口播，即当直播间进来一位新伙伴时主播可口播"欢迎 XXX"之类的，同时注意寻找话题点聊天。

（2）答疑表谢真诚性：对待观众提出的问题要认真观看、阅读，并耐心解答。

（3）问题跟进及时性：一般直播间观众的提问比较繁杂，主播可有针对性地回答，注意略化不太健康的话题，比如涉及色情和暴力等的话题，必要时可禁言。

（4）引导关注实时性：在直播过程中不时口播提醒观众关注自己的账号、分享直播链接以及给自己刷礼物。

（5）利益刺激定期性：设置定期奖品，不定期发放，引导观众关注自己的账号。

（6）管理飘屏定时性：主要将重要课题、送出奖品和内容预告等信息设置飘屏，同时注意对出场嘉宾的相关信息进行飘屏设置。

6. 包装

包装可让产品卖得更好，从营销的角度来说，直播活动也是一种产品，也可整合包装后再传播。我们建议，每次直播活动结束后都将素材包装为案例，在微信、微博等新媒体阵地广泛传播，进而形成衍生话题，延续前期传播的热度，我们将这种方法称为"二传二包"。

4.1.2   企业直播号5步法

盘点2016年互联网资本头条，直播势必独占鳌头，移动直播市场有了2015年快速发展的基础，终于在今年迎来大爆发，大量资本迅速涌入，面对这个千亿级的超级市场，加之直播内容的多元化趋势愈演愈烈，越来越多的企业站在了这个风口上，想要乘风而上，把直播变为企业的重要媒介平台。

企业直播号到底该怎么做，我们也在不断地摸索，目前已总结出企业直播号5步法。

定位	内容	导流	互动	危机
高管角色	BGC规划	渠道引流	直播前预热策划	服务吐槽
内容特色	主题、调性、目的	自媒平台阵地	直播互动策划	产品吐槽
场景形式	PGC规划	公关阵地	直播创意插曲	人员吐槽
出镜形象	明星、网红、名人	线下门店		
时间频次	UGC规划	直播官方阵地		
语种形式	话题、互动、形式	明星网红站台		
		冲榜规划		
		内容引流		
		明星大V首秀站台		
		高价值礼品		

1. 定位

跟企业高管直播号一样，最重要的是找准定位，定位包括的因素大体上与企业高管直播号一样，主要包括高管角色、内容特色、场景形式、出镜形象、时间频次、语种形式。

2. 内容

一场直播是否能带来品牌曝光量，促成销售转化，在很大程度上由"内容"决定，内容是 BGC+PGC+UGC 的有机组合。

（1）BGC：即品牌生产内容

企业直播营销 BGC 最主要的作用是展现品牌的价值观、文化内涵，可从直播营销的内容主题、调性、目的等方面入手。2016年 4 月，杜蕾斯直播了一场长达 3 小时的"百人试套活动"。一场 3 小时的直播：1 小时搬床、布置现场；1 小时做广播体操；1 小时聊天、吃水果。有网友评价："我走过最长的路，就是杜蕾斯的套路"。这场缺乏品牌内涵的直播，如果不是它本身的情色性，能不能形成热点话题还是个未知数。

（2）PGC：即专业生产内容

大多数企业的直播营销的销售转化都倚赖 PGC，PGC 的"P"聚焦于话题性人物，主要指明星、网红、名人三类。比如巴黎欧莱雅的 5 月戛纳电影节明星直播主要依赖于明星，巴黎欧莱雅作为本届戛纳电影节的主赞助商，为打造"零时差追戛纳"直播活动邀请了巩俐、李宇春、李冰冰、井柏然作为代言人，从接机到入住酒店等进行全方位的场景直播。

（3）UGC：用户生产内容

一切没有 UGC 的直播都是在自 High。

目前的直播炙手可热，无论是个人还是企业都想在直播营销中捞金，直播内容的边界被无限扩展。用户参与度是直播的最核心要素，如何让这种无边界的内容吸引更多的用户参与呢？这是企业直播营销需要思考的。

BGC、PGC、UGC 三者是相互交融的，只有实现三者的结合才能打造一场成功的企业直播营销。

3. 导流

与企业高管直播号不同的是，企业直播号的导流方式分为两类，即渠道引流和内容引流。

（1）渠道引流

1）自媒平台阵地：无非是直播号提醒、链接分享和平台同步3 种手段，在开播前一周内反复传播直播主题和直播号，提醒用户关注；在开播前 / 开播时及时分享链接；在开播后实时更新直播间的开奖信息以及其他话题性的消息，进一步吸粉。

2）公关阵地：在开播前发布预告提醒用户关注；在直播活动结束后对活动整体效果进行包装输出，衍生新的话题，使活动热度持续，形成新一轮的传播高潮。

3）线下门店：主要是直播号提醒，为线上导流。

4）直播官方阵地：直播平台方可在其官方阵地（包括直播平台和微博上）宣传造势，实现微博粉丝引流。

5）明星网红站台：如唯品会聘请周杰伦出席"首席惊喜官"，开启了电商企业精准跨界营销的新范例。

6）冲榜规划：直播平台的热门位置具备更直观的展示功能，可触达更多用户。企业可通过与网络直播平台合作的方式，让某期直播活动占据平台上的热门位置。

（2）内容引流

1）明星大 V 首秀站台：如今的互联网企业开发布会没有明星站台都不好意思拿出来说。比如六一儿童节，刘烨带着儿子诺一在一直播献出了直播处女秀，吸引了 2292.2 万的观众，最高同时在线人数有 456.7 万，点赞数 4623 万。时下，明星的直播首秀不仅能带来巨大的流量，还能提升直播内容的品质。

2）高价值礼品：每天都有数以万计的直播活动在进行，用户凭什么看你的直播呢？多元化内容和个性化主播固然重要，但直播间的福利对用户也是一个极大的诱惑，礼品的价值越高，诱惑力越大。比如西默 CEO 黄基明发布直播预告的时候就提到观看黄基明视频直播的 N 个理由，首当其冲的就是"这不是一场普通的视频直播，这里有万元现金、数万奖品等你来拿！"在海报中也提到最高价值 3999。

4. 互动

互动贯穿整个直播活动，从前期准备到直播结束，包括直播前预热策划、直播互动策划和直播创意插曲。

（1）直播前预热策划：部分用户可能在正式开播前几分钟进入直播间，为防止用户流失，建议主播提前进入直播间暖场。

（2）直播互动策划：在直播过程中考虑到企业直播号的内容较为专业且带有一定的商业性质，不如泛娱乐类的直播有趣，为避免冷场，主播需要与用户互动，比如用户送礼时可口播感谢；如果是直播干货内容，每隔一段时间要与大家聊聊天，问问用户的感受；不定期派送奖品……

（3）直播创意插曲：直播是实时传播，不可控因素很多，不可能完全按照台本走，又因其社交互动性很强，用户的反馈也能给整场直播活动带来灵感，比如徐扬在"大佬微直播"直播时，周鸿祎也进入直播间观看直播，留言"应该把这个办成常态节目"并多次赠送肥皂，徐扬注意到并提及周鸿祎多次送肥皂一事，在直播间引起轰动。

5. 危机

直播的实时性和互动性在给企业带来便利的同时，也伴随着一些危险因子，随时都可能遭受到来自用户的质疑和吐槽，可能对直播活动造成毁灭性的打击，因而企业一定要具备危机意识。我们根据实践总结，目前主要存在以下危机。

（1）服务吐槽：质疑企业服务水平和服务态度。

（2）产品吐槽：一种是使用该企业产品的用户吐槽产品存在的问题；一种是并不使用该企业的产品，但对产品具有一定的了解，故意找茬的。

（3）人员吐槽：针对该企业的某个人，一般是企业高管，发表挑衅的或者不堪的言论。

遭遇以上任何一种吐槽，主播最先要做的就是保持淡定，表现出诚恳的态度，尽量引导到线下交流。

对于两种不同类型直播号的战法就介绍到这儿，以上内容涉及直播活动的调性定位、内容特色、互动策略以及危机处理，各企业可根据自身情况对号入座。

4.1.3　直播战役策划

以上是我们根据实践经验总结出的两种不同类型的直播战法，是进行直播活动的必备技能和策略，也是直播活动实施推进的步骤，多停留在具体操作层面。直播战法只是直播营销活动中的一环，企业为了达成提升知名度和销售转化的目的会进行大规模的广告活动，我们称之为直播战役策划，背后可挖掘出营销逻辑。以下是我们总结的几种较为成功的直播战役策划。

1.品牌节日事件活动策划

近年来，节假日逐渐成为国内消费者的一场狂欢，是企业进行品牌推广和市场营销的黄金时期，谁都不会放过搞个主题活动借势营销一把的良机。

案例：珠海长隆海洋王国在父亲节到来之际邀请李锐直播喂鲨鱼。通过现场互动拍卖"长隆爸爸节"超级 VIP 席位，聚焦亲子活动，宣传长隆鲨鱼馆及爸爸节优惠折扣活动，吸引近 130 万人观看长达 6 小时的直播，跟随李锐游览了长隆海洋王国诸多娱乐项目，实现了深度曝光。

（1）精准锁定目标受众

长隆此次走的是明星＋直播的传播路线，以"我爸爸 很会玩"为主题，强调了亲子关系，只有直播对象精准才能做到有效到达。李锐通过《爸爸去哪儿》综艺节目积累了相当高的人气，微博粉丝达 300 万，这些粉丝都是以关注亲子为主的目标受众。从活动的效果来看，直播当天吸引近 130 万粉丝观看，上线不久的天猫旗舰店通过这次父亲节营销创造了超过 350 万的业绩。

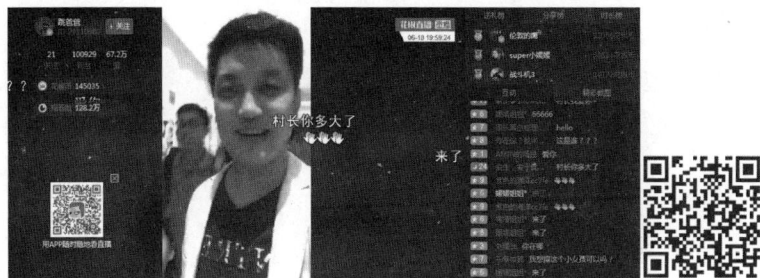

扫描二维码进入视频"http://www.huajiao.com/l/17770571"。

（2）优质内容噱头十足

"爸爸节"当天筛选了高人气娱乐节目来体验，例如海豚表演、花车巡游、烟火表演以及鲸鲨馆。特别是李锐当天拍卖一组"爸爸节"期间的超级 VIP 席位，起拍价 618 元，竞拍胜出者

在爸爸节期间享受价值 1440 元的基础夜宿鲸鲨馆 VIP 权益，享受"热门设施快速通行"服务，并与村长李锐共进晚餐，面对面对话。

（3）舆论造势保障人气

为保障人气，在父亲节前夕长隆在阿里旅游平台上策划了"与村长李锐夜宿鲸鲨馆"的拍卖活动，并联合《奇葩说》奇葩之王马薇薇录制《长隆奇爸说》制造热点话题，引导大家关注父亲，触动大多数人的敏感点，并将品牌主张顺利带出，为 618 父亲节直播活动做了信息预告和情感铺垫。

2. 产品评测暴力测试

如今在 3C 数码领域，在产品的耐用性方面，官方的说辞并不能得到大家的认可，能禁受住用户的各种暴力甚至有些变态的考验，这款产品才能真正得到用户的信赖，俗称暴力测试。

对于用户关注的 3C 数码评测、防水等问题，通过直播能更直接地传递给用户产品观感。例如王自如在熊猫 TV 对手机产品的直播测试。

他是中国手机数码行业的独立评测工程师，通过视频直播对当下流行的电子产品进行测评，观点鲜明而犀利，大多数厂商对他肃然起敬。

3. 农产品行业生产加工过程

近年来，食品安全成为全国上下关注的焦点，聚焦大众关注的农副食品产品安全直播能够增加用户的安全信心。

为保证食品安全，饿了么和 360 公司联手打造"明厨亮灶"工程，直播饿了么旗下餐厅的后厨工作状况，接受社会监督，U 味外卖成为饿了么平台上第一家开启后厨直播的餐厅。相关负责人范明星表示，做餐饮把食品安全放在第一位，厨房就一定经得起参观，食材经得起抽查，直播是食品安全卫生的保障措施之一。

4. 在线客服答疑

直播为行业做出巨大的改变，均由各行各业的痛点决定，比如映客刚起来的时候，客服热线无法满足大量用户的投诉，电话线天天爆满，电话永远要等 7 分钟。各个行业平台售后电话都存在这样的问题，现在通过直播，一个客服同时可能应对一万人，大多数人问的问题可能是同一个问题，这样能够用更少的人力解决更多的问题。我们认为这种新的产品形式将改变传统客服的运营模式，值得企业去尝试。

根据客服直播面对面交流的特征，我们建议将常见问题提前卡板准备，以便于及时给出回答；将新的问题备忘整理成册，飘屏提醒常见问题。

我们专注于新媒体领域，当直播这把火刚烧起来的时候，团队就敏锐地觉察到了直播的发展前景，并迅速组建了自己的直播团队，及时占据直播的风口。在直播领域，我们的团队也做出了一些较为成功的尝试。

荣耀手机与新浪合作红人节，实战参与直播执行，联动六大渠道导流，历史观看人数 17.4 万，峰值观看人数超过 6000。

六大渠道导流如下：

（1）官微预告直播；

（2）粉丝通推一直播 ID；

（3）超级红人节背书推广；

（4）外围娱乐大号投放；

（5）红人微博评论引导引流；

（6）微信推广为 618 导流。

4.2 直播的执行

4.2.1 两大项目管理表

如何做好一场直播呢？直播前的准备工作显得尤为重要。笔者在长期的实践中总结出两大项目管理表。

两大项目管理表包括会议直播项目推进表和直播平台互动分工表。会议直播项目推进表主要分为设备、会议对接、文案、直播管理等版块；直播平台互动分工表则按照平台进行具体的细化分工。

1. 设备

设备是进行直播的基础，建议相关人员提前列好设备清单，并据此采购设备，同时注意留出充足的时间进行设备的调试工作，除了直播所需的摄像设备以外，还可准备表明身份的胸卡，以便于宣传企业形象。

2. 会议对接

在直播会议之前，直播人员需要对会议的议程有所了解。直播人员提前确定会议的主要讨论重点、参与会议嘉宾的相关背景资料、会议的相关流程等细节，并据此进行直播前的规划。

3. 直播管理

直播管理则是贯穿整个直播，包括直播前的预热以及直播过程中的串场文案、直播间互动管理细则和对直播过后的问题总结。

（1）确定直播当天的流程并拉通

开播前对直播当天的流程再次确认，当流程发生变化时及时更改，确保流程与直播规划的一致，并与会议主办方友好沟通，获得嘉宾以及会议的第一手资料，确保直播信息与会议及嘉宾的信息一致。

（2）主播熟练直播台本

主播对于信息的了解有助于主播把握直播的进度和顺利回答直播间观众的提问，增强互动的效果。

（3）官方预告分享文案

评价一场直播成功与否的一个指标是实时在线观看人数，为了吸引更多的用户观看，往往会利用各大平台进行官方预告，此时分享文案就显得尤为重要，如钛铂新媒体某次会议直播前进行的官方预告。

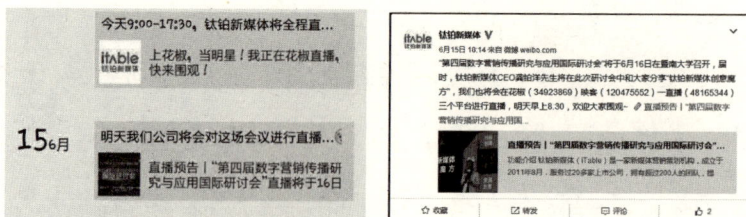

（4）直播间互动管理细则

直播间互动管理细则就是在直播间进行受众的言论引导，例如在直播前发布互动规则：严禁直接或间接传播淫秽、色情信息，或进行淫秽、色情表演，严禁低俗内容。

（5）直播平台互动

直播的一大亮点就是实现了互动的实时性，主播可及时了解受众关心的问题，并有针对性地解答。我们制定了一套平台互动细化，在每个直播平台设置一位负责人，负责收集和记录粉丝的提问，并交由专业人士进行解答，完成直播后的第二次互动。

4.2.2　6166直播论

钛铂6166直播论				
6大准备动作		**16项物料明细**		**4+2注意要点**
物料采购		三脚架	手持固定器全套	备用物料
彩排测试		兔笼全套	手机全套	主播方面
运送准备		充电全套	导播台	互动方面
现场准备		摄影配件全套	补光设备	导流方面
平台准备		摄影机全套	显示器	舆情方面
主播准备		4G流量卡	主播胸卡	二次传播
		话筒LOGO标识	提词器	
		wifi信号增强接收器		
		收音的话筒		

1. 6大准备动作

（1）物料采购

物料采购是所有准备工作的基础，提前拟定需要采购的物料清单交由负责人进行采购，并保留足够的弹性时间，便于发现质量问题及时处理。

（2）彩排测试

通过直播前的彩排能发现准备工作上的不足并制定应对的策

略，比如收音状况、灯光效果等，主播也可通过彩排进一步熟悉直播流程。

（3）运送准备

不少直播都是跨区域进行，运送设备也很关键。为防止损坏，建议相关人员谨慎包装，最好使用自助式运送方式，以防丢失重要部件。

（4）现场准备

提前半天入场做好以下准备工作：

1）检查充电设备是否齐全。

2）检查现场的网络状况。

3）检查现场的幻灯片播放状况。

4）确定直播设备的摆放位置，建议选取离主讲台较近的位置。

5）现场直播角度的选取，建议尽量选取便于完整展示直播主题的角度。

6）直播的呈现，即检查直播时用户收看的是否为镜面成像。

（5）平台准备

所有的直播都需要通过专业的直播平台播出，在开播前需做好以下工作：

1）平台账号密码及昵称的确认。

2）平台直播通告。

3）直播海报发布。

4）导流平台推送时间节点及话术分享：平台之间导流的话术分享主要在于吸引更广泛的用户群体观看直播。

5）平台营销互动策略：最常用的互动策略是不定时派送礼物、不定时直播讲解、不定时发布关注邀请。

6）平台管理及场控：平台管理及场控的设置目的在于维护良好的互动秩序，对于发布恶意言论的用户进行禁言处理，保证直播间的良性互动。

（6）主播准备

1）主播妆容、服装准备：主播的妆容以及服装要针对直播的内容风格进行搭配，如进行会议学术类直播，主播应化淡妆，着简洁的服装，避免喧宾夺主。

2）演讲PPT：主播进行宣讲的PPT，PPT是主播进行信息展示的重要工具，在直播前应予以确认。

3）演讲展示道具：

功能一	功能二	功能三
辅助主播进行信息展示，对主播口播的主要内容进行强化。	作为广告植入，在便于用户收看直播的同时完成品牌的传播。	作为样品展示，如淘宝主播将衣服穿在身上给粉丝展示。

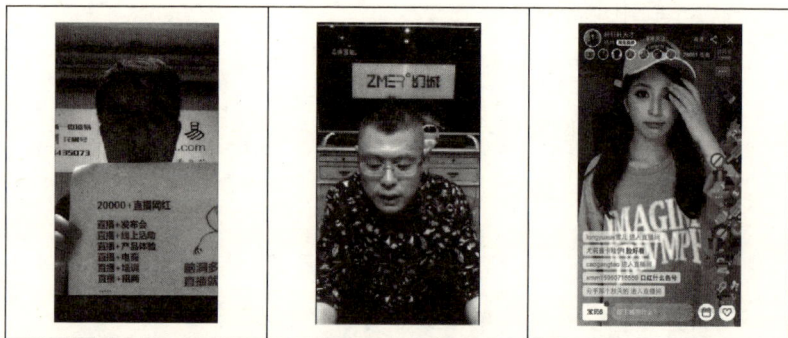

4）平台互动文案：平台互动文案大致分为直播内容简介及直播间互动方式。我们的团队在直播第四届数字营销传播研究与应用国际研讨会时，主播以口播加弹幕的方式介绍嘉宾的个人信息以及演讲主题，以便于用户理解直播内容，并适时根据用户的反馈积极调整，带动直播间互动的氛围。

2. 16 项物料明细

（1）移动设备直播物料（手机直播）

1）三脚架：三脚架是固定设备，方便在直播中配合直播内容进行镜头高度和角度的调整。

2）手持固定器：避免镜头在移动过程中产生太大的晃动，保证画面的清晰度。

3）兔笼全套：连接手机支架以及三脚架的设备，可搭建一个较稳定且可承载多部手机进行直播的道具。

4）手机＋充电线头。

5）排插＋移动电源。

（2）专业化设备物料

1）导播台：适用于多人直播，可调控直播镜头的切换并提醒直播镜头的角度及位置，保证直播的完整和流畅。

2）配件全套：转接口、配件、线材等用于连接专业化设备的零件。

3）摄像机全套：专业化的直播对于摄像机的要求较高，需购买全套专业摄影设备。

4）补光设备：确保直播画面不受现场灯光的限制。

5）显示器：显示器是为导播台观看直播，调整直播画面准备的，导播可通过显示器进行摄像机位的调整和直播镜头的切换。

（3）通用物料

1）4G 流量卡：为防止直播过程中出现断网的情况，建议准备4G 移动流量卡，直播对流量的需求约为 320MB/h。

2）WIFI 放大器：WIFI 放大器能放大 WIFI 信号，确保手机接收到足够强的信号，从而保证直播顺利进行。

3）收音小话筒：收音小话筒可保证对声音的收集，避免直播时出现声音弱的现象。

4）主播提示别针式胸卡。

5）主播话筒提示 logo 硬纸板标识：可在主播话筒及直播设备上设置 logo 标识，有助于在直播间及直播现场的企业宣传。

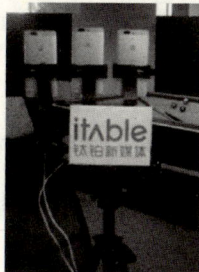

6）提词器。

3.6 大注意要点

（1）备用物料

1）WIFI、排插、移动电源等备用工具的准备。

①提前到场地进行 WIFI 热点测试，如 WIFI 无法满足直播需求，建议购买当地的 4G 流量卡。

②根据实际充电需求和直播位置与充电插座位置的距离购买。

③直播耗电量大，而移动电源充电较慢，建议当手机电量为 40% ~ 50% 时为手机充电。

2）主播道具：例如主播的胸卡。

3）直播奖品摆放位。

（2）主播方面

1）主播 / 出镜人仪态。

2）话题寻找：主播要随机应变，主动寻找话题和用户互动。

（3）互动方面

1）口播及弹幕互动，弹幕频率：2 ~ 3 分钟 / 次。

2）引导用户关注。

3）管理账号昵称。

4）镜头互动：镜头不易定格在某一个画面或某一个角度，应根据现场情况适时调整。

（4）导流方面

1）关键节点导流。

2）各平台同步推送信息导流。

3）首屏推荐、热门榜。

4）人气值截图、总结流量来源。

（5）舆情方面

直播中容易产生风险问题，比如黑粉吐槽、刷屏狂吐甚至遭遇人身攻击，注意做好直播风险防范措施。

（6）二次传播

总之，移动直播是个新生事物，直播营销也是最新的营销利器，一切新工具、新玩法都需要在实践中被总结出来。相信在全民直播的时代不参与就会掉队，也希望本书列出的案例和总结的规律可以帮助大家更好地开展直播工作。

结束语

笔者长期注重对直播行业的观察，也有意将自己的观察和实践所得付诸笔端，告知更多对直播感兴趣的朋友，机缘巧合，清华大学出版社找到了我，并督促我以最快的速度写完此书。

在此，我要特别感谢我的小伙伴，刘晓燕、张拥军、高悦然，他们为本书的框架提出了建设性意见，在笔者撰写过程中，也提供不少灵感和素材，正是因为他们的热心帮助，此书才得以顺利付梓，感谢他们的付出。

移动直播目前处于高速发展阶段，直播平台也层出不穷，平台的功能更是日新月异，企业的直播玩法也在不断升级，必须付出十分的精力才能跟上。笔者由于学术水平有限，书中难免存在疏漏，敬请各位读者多提宝贵意见。

在本书的编写过程中，也得到公司同事的大力支持和帮助，他们作为各项目的实际操盘手，提供了大量的素材和创意，承担了本书大量的案例收集整理工作，所以本书是集体智慧的结晶，在此一并表示感谢。他们包括：

谭松伟、杜刚、陈津晶、刘江、向志洲、杜莎莎、张超、凌峰、严杏、林聪、黄桂洲、柯灏坤、孙艳、罗莲花、曾一、王越吾、肖丽娇、何远雄、李薇、颜旭、李思慧、王沼铎、姜琴、李俊杰、袁杨、袁念、谭玲、陈晓琪、邹勇、江其禧、肖婷、王婷婷、雷雯霜、凌峰、何思岑、姚晴、张向南、张天一、刘应运、吴凯、陈佳俊、范嘉敏、柯碧茜、胡小悦、陈晶晶、赵夏颖、王琛、高欢、陈城涛、李伟斌、陈名智、吴倩、许桂珍、刘洋、蔡荣添、王钰、黄伟、肖维、赵婷筱、李楚苗、汪浩、曾泽锋、张蕾、叶芷城、邱俊航、周梓健、胡雪逸、李雪琳、陈晓旭、陈明、刘彪、阮中意、吴佳欣、付娜、胡珺、陈安琪、郑佳佳、郑素华、田翰林、廖正南、刘书婷、刘广华、陈攀洁、李超、卞庆哲、舒礼华、童林、华志敏、倪秦东、陈仲梁、程诗意、余嘉伟、赖涛、刘松、潘海云、李雨潇、郑所斯、刘仁静、胡丽莎、石卉、刘婷、杨洁、钟寅清、胡无边、陈卞扬、盛佳晶、余夏妮，还有周蕊、刘奕辰、周美琴三位前同事（排名不分先后）。